上毛鬼談
群魔

戸神重明

竹書房
怪談
文庫

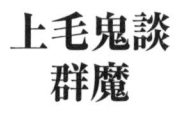

※本書に登場する人物名は、様々な事情を考慮して一部の例外を除きすべて仮名にしてあります。また、作中に登場する体験者の記憶と体験当時の世相を鑑み、極力当時の様相を再現するよう心がけています。現代においては若干耳慣れない言葉・表記が登場する場合がありますが、これらは差別・侮蔑を意図する考えに基づくものではありません。

まえがき

生まれ育った群馬県の怪談を集めて書くことは、私にとってライフワークの一つである。群馬県の話のみで一作となる単著は『怪談標本箱 雨鬼』『群馬百物語 怪談かるた』に続いて、本書が三作目となる。この一年は既刊の良かった点をより強化し、悪かった点を改善しながら、最恐の〈群馬怪談本〉を目指して取材と執筆に打ち込んできた。

タイトルにある〈上毛《じょうもう》〉とは、群馬県の旧名、上毛野（かみつけの、もしくは、かみつけぬ）から野を除き、音読みにしたものである。県内では鉄道の駅名や企業名、商品名などで、耳目にする機会が多い言葉だ。

さて、関東地方の北部、海から遠く離れた内陸の地である群馬県は、東部、北部、西部、南西部に山々が連なり、それが他県との境となっている。また、赤城山《あかぎやま》や榛名山《はるなさん》のように、中央部にも山がある。そのため、山の怪談が多い。逆に平地が広がる南部から東南部は、利根川や渡良瀬川《わたらせがわ》が県境とされ、天然の池沼や溜め池も多い。それに加えてダム湖は県下全域の山地に多数存在する。したがって、海の怪談こそないが、水辺の怪談も少なくない。

そこでまずは、川やダム湖に架かる橋に関連した話を述べてみたい。

私は「高崎怪談会」という怪談語りのイベントを主催している。高崎市は〈縁起だるま〉の生産量が日本一多く、全国の大多数を占めているのだが、これは同市郊外の観音山丘陵に〈縁起だるま〉発祥の地とされる少林山達磨寺があるためだ。「高崎怪談会」はその大講堂を借りて何度も開催してきた。

この寺の近くを流れる寺沢川と呼ばれる沢には、砂防堰堤《さぼうえんてい》があって、その上に入の谷津《いりのやつ》橋《はし》という小さな橋が架けられている。道路沿いの斜面には雑木林や竹林が広がり、一見、のどかな里山の風景に見えるが、橋の袂《たもと》には一体の地蔵がある。ここは昭和六十二年九月十四日に高崎市在住の男児が誘拐され、翌十五日に生きたまま寺沢川に突き落とされて溺死した、未解決殺人事件の現場なのだ。

さらに道路の向かいには石碑が建っていて、昭和二十二年九月十五日にカスリーン台風による風水害が発生し、犠牲となった十一名の慰霊碑であることが記されている。現在は民家一軒ない場所ながら、昔は集落があったらしい。

風水害事故の発生から、ちょうど四十年後の同日に男児が殺害されているので、この事件との間に何らかの因果関係があるのではないか、と見る向きもある。そしてここでは、夜になると子供の泣き声が聞こえてくる、という。

平成二十九年六月、夏至の宵に、私は一人で入の谷津橋へ出かけた。「高崎怪談会」で公開する写真を撮りたかったのである。薄明るいうちに到着したが、夏至だけになかなか日が暮れない。暗闇に浮かぶ橋の周辺を撮影したかったので、橋の上を何度も行き来し、長いこと時間を潰さなければならなかった。寺沢川の水は少なく、やや濁っていた。

ようやく日が暮れたものの、子供の泣き声は聞こえてこない。やっぱり、ただの噂なんだな――そう思いながら写真を撮りつつ、最後に橋を往復しようとした、そのときであった。

ガッシイイインッ！

と、大きな金属音が夜陰に鳴り響いた。

橋の金属製の手摺りを頑丈な棍棒で力一杯、叩いたような音であった。それも一回だけで、静まり返ってしまう。私のほかには誰もいなかった。すぐに持参した懐中電灯で手摺りの周辺を照らしてみたものの、野生動物などの姿も見当たらない。川岸に茂っている大きな竹が倒れてきたのか、と思いもしたが、竹が手摺りにもたれ掛かったり、橋の真下に倒れたりはしていなかった。大きな物を飛ばすような強い風も吹いていない。

私は幽霊を実見したことがなく、怪談話もすべてを信じているわけではないのだ。しかし、このときばかりは不可解で、冷や汗をかきながら帰った。

その後、大勢の人々にこのできごとを話して、音の正体が何だったのか、意見を求めてみたが、誰もが唸って首を傾げるばかりで、原因の解明には至っていない。

みなかみ町
片品村
川場村
沼田市
山村
昭和村
渋川市
みどり市
桐生市
桐生市
東村
吉岡町
前橋市
伊勢崎市
太田市
邑楽町
館林市
玉村町
高崎市
板倉町
大泉町
千代田町
明和町
藤岡市

群馬県

群馬県では〈上毛〉の名にちなんで、桐生市や太田市から東を〈東毛《とうもう》〉、前橋市、玉村町、伊勢崎市を〈中毛《ちゅうもう》〉、高崎市や藤岡市から西を〈西毛《せいもう》〉、渋川市や沼田市から北を〈北毛《ほくもう》〉と呼ぶ。県の形が三角形に近いためか、南毛と呼ぶ地域はない。北毛は面積が広いが、標高の高い土地が多く、平均気温が低いことから人口は少ない。2021年(令和3年)現在、192万人余りとされる人口の大半は東毛、中毛、西毛に集中している。

目次

美しい橋

みどり市大間々町《おおまままちょう》の高津戸峡《たかつどきょう》に架かるはねたき橋は、長さ一二〇メートル、幅三・五メートル、三角形の白い柱が目立つ、美しい橋である。だが、ここは昔から飛び込み自殺が多く、怪談話には事欠かない。

まだこの地域が山田郡大間々町《おおまままち》であった、二〇〇〇年頃のこと。

妙齢の女性Nさんは、真冬の夕方に彼氏と二人でドライブがてら、はねたき橋を見物に行った。当時の彼女は、その場にいないモノの声が聞こえることがよくあった。背後から声をかけられて振り返ると誰もいなかったり、若い女友達しかいない場所で、唐突に年老いた男の低い声が「面白《おもしれ》えきゃあ《かい》？」と訊ねてきたりする。仲間たちとある廃墟へ行ったときには、急に頭痛と悪寒に襲われ、屋内に入ることがどうしてもできなかった。

それでも好奇心は尽きず、スリルを楽しみたい気持ちもあって、〈出る〉といわれる場所へ、よく彼氏に連れていってもらっていたそうだ。

渡良瀬川の畔《ほとり》に広い町営（現在は市営）の無料駐車場がある。彼氏がそこに車を駐《と》めた。二人が車から降りて案内板を見ながら歩いてゆくと、ほどなくはねたき橋が見えてきた。

袂《たもと》に車止めがあり、歩行者と自転車しか通れないようになっている。

Nさんは山奥の古めかしい吊り橋を想像していたのだが、意外にも新しく架け替えられたモダンアート作品を思わせる洒落《しゃれ》た橋であった。床版《しょうばん》には、花鳥風月の絵が数多く描かれている。雰囲気を良くして自殺を防ごうと、地元では観光化を進めているらしい。近くに民家も建っていて、橋を渡り始めると犬の散歩をしている女性と擦れ違った。手摺りは低く、Nさんの胸の辺りまでしかない。

中央付近に少し幅が広くなった場所があり、ベンチがあって街灯が立っている。夜間はライトアップされるのだろう。Nさんは笑って疑問を口にした。

「ここって、本当に自殺の名所なの?」

初めて目にする高津戸峡は広葉樹が多く、大きな岩に囲まれた渓谷で、渡良瀬川の澄んだ水が流れている。新緑や紅葉の季節に来れば、より風情がある景観を楽しむことができそうだ。下流には車が行き交う真っ赤な橋、高津戸橋が架かっている。

真冬の短日がじきに暮れようとしていた。

対岸まで渡ると、水際近くまで下りられる階段があり、川沿いに遊歩道が造られている。この道は高津戸橋まで続いているのだが、あくまでもはねたき橋が目当てだった二人は、橋を引き返すことにした。

ベンチと街灯がある中央付近まで戻ると、そこから川面を見下ろす。冬は雨が少なく、雪もあまり降らない地域なので、水深は浅い。清冽《せいれつ》な水が勢いよく流れている。橋から川面までは目も眩《くら》むほどの高さではないが、ノコギリのように尖った岩が川底に並んでいるのが見えた。彼氏がそれを指差しながら言う。

「ここから飛んだ人は、あの岩にぶつかって、傷だらけになって死ぬんだよ」

彼氏は前にも来たことがあるそうで、事前に仕入れてきたネタを語り始めた。

「幽霊の映像を撮ろうとした人がいてさぁ、ここにビデオカメラを仕掛けたら、カメラのほうを見ながら川に飛び込む女の人が映ってたんだとさ」

「それは、幽霊だったん？　それとも、自殺する直前の、生きた人？」

「さあねえ？　又聞きだから、どっちだったのかは、俺も知らない」

「ほかにはどんな話があるん？」

「この川を下っていくと、すぐ桐生になる。ここから飛び込んだ自殺者が発見されなくて、そっちのほうまで流れ着くことがあるんだって。その辺りに女の幽霊が出るんだ。それを見た女子高生が白血病になって、学校で死んじゃったんだってさ」

「ええっ！」

「しかも、その子がいた学科の生徒が、毎年死ぬようになったんだいね。といっても、卒業してからだけどな。三年間に三人が死んだんだってさ。バイクの事故で一人、自動車の事故で一人、もう一人は仕事中、労災に巻き込まれたんだとか」

「へええ……」

Nさんはしばらくの間、彼氏の話に耳を傾けていた。橋の下では渡良瀬川の水流が渦を巻いている。辺りが俄《にわか》に薄暗くなり、空気が冷たくなった。

「何してんだよっ！」

突然、彼氏に凄い力で服の襟を引っ張られた。Nさんは橋の上に転がってしまう。

彼女は何が起きたのかわからず、仰天した。驚きのあまり、声も出ない。

(何で？)

と、思いながら彼氏の顔を見上げるのがやっとであった。

「大丈夫か？」

彼氏が手を貸して起き上がらせてくれた。足元が少しふらつく。

唖然とするNさんに、彼氏がこう説明してくれた。

Nさんはずっと川面を見下ろしながら彼氏の話を聞き、初めは相槌を打っていたものの、途中で黙り込んでしまった。彼氏も川面を見下ろしながら語っていたが、反応がなくなったことに気づいて、Nさんのほうを見た。

「あのさぁ、俺の話、聞いてる？」

次の瞬間、彼氏は異変を目の当たりにして、愕然とした。

このときNさんは前方に身を乗り出し、橋の手摺りに腹部を乗せていた。両足は完全に宙に浮いており、長い髪の毛と両腕をだらりと前に垂らして、全身を〈くの字〉に折り曲げていたそうである。今にも川へ落下しそうな状況であった。

「あたしが……？　そんなこと、あたし……してた覚え、ないんだけど……」

彼氏の話を聞いていたのはよく覚えている。話の内容も思い出せる。それからいきなり服の襟を引っ張られたと思ったら、橋の床に倒れていたのだ。

（とり憑かれた？　引き込まれかけた、ってことなの？）

Nさんは戸惑い、しばし茫然自失していると……。

渓谷から凍った突風が、唸りながら吹き上げてきた。

「寒ぅい！　冷凍庫の中にいるみたい！」

「ほんとだ。俺、急に耳が痛くなってきた。寒さのせいかな？」

「じゃあ、もう帰ろうよ」

橋の三角形の柱も、花鳥風月が描かれた床版《しょうばん》も、残照を浴びてオレンジ色に輝いている。

そそくさと駐車場まで戻ってくると、他の車はなくてがらんとしていた。彼氏がキーを取り出し、車のドアを開ける。そのとき、何げなく彼氏のほうを見たNさんは、息を呑んだ。

彼氏の頭上に、人間の頭部がトーテムポールのごとく四段に重なっていた。一番下に首が直角に折れ曲がった女の頭部があって、その上に脳天から眉間にかけてざっくりと裂けた女の頭部が二つ、またその上に目鼻が完全に潰れた性別不明の頭部があって、いずれも血達磨であった。胴体は彼氏の身体に隠れて見えなかったが、八本の腕が千手観音のように背後から伸び出ており、一番上の両手が彼氏の両耳に人差し指を突っ込んでいた。

「ヤダ……。後ろ、後ろっ！」

Nさんは思わず叫びながら後退していた。

「……後ろ？」

彼氏が振り返ったが、何も見えていないらしい。

その直後に、トーテムポールと千手観音を合体させたようなモノは姿を消した。

「何のことだよ？　早く車に乗りてえんだ。さっきから耳が痛くて敵わない」

彼氏によれば、最初は耳の外側が痛かったのだが、じきに耳孔の奥まで痛くなってきて、今は激痛に襲われているそうだ。顔を歪めて両手で耳を塞いでいた。

しかし、早くこの場所から離れたかった彼氏は、カーエアコンの暖房を〈強〉にすると、車を発進させた。二十分ほどの間、車を走らせながら激痛に耐えていたらしい。氷の棒でも耳孔に突っ込まれているような、これまでに経験したことのない痛みで、頭がおかしくなりそうだったが、歯を食い縛って我慢しているうちに少しずつ治まってきたという。

それ以来、彼氏はNさんを〈出る〉といわれる場所へ連れていってくれなくなり、次第に会うことも減ってゆき、別れてしまった。

はねたき橋は自殺者が出続けたことから、当初は低かった手摺りの上に柵が取り付けられた。

Nさんは年齢を重ねるにつれて、徐々に怪異と遭遇しなくなったそうである。

憎まれヒーロー

二〇一〇年、高崎市在住の男性Tさんが、二十歳の頃のできごとだ。当時の彼は普通自動車運転免許を取得したばかりで、ドライブを兼ねて週に二、三回は〈出る〉といわれる場所を訪れていた。一晩に複数の地点を巡ることも多く、中でも藤岡市の下久保《しもくぼ》ダムや甘楽郡下仁田町の不通橋《とおらずはし》などは近いので頻繁に〈通って〉いた。ただし、大人数での馬鹿騒ぎやゴミの不法投棄、落書きなどの悪いことは一切やらなかったという。

ある夜、Tさんが仲間たちと下久保ダムへ行くと、大宮ナンバーの車が湖上に架かる金比羅橋《こんぴらばし》の手前に停まっていた。運転者は乗っていない。Tさんは愛車から降りて、懐中電灯の光をその車に向けてみた。ドアは閉まっていたが、ダッシュボードの上に一通の封書が置いてある。

「これって、もしや……」

Tさんは不審に思った。橋の上を歩いてゆくと、中央付近で手摺りに跨《また》がる人影が見えた。現在は手摺りの上に落下を防ぐための網が設置されているが、当時はなかったのである。

「大変だっ！」

仲間たちと一斉に駆け出したTさんは、一番槍で人影に駆け寄ると、肩を掴んで一気に引き戻した。

「放してよう！　死なせてよう！」

飛び込もうとしていたのは小柄な女性であった。激しく暴れて再び手摺りに近づこうとする。Tさんは女性を背後から両腕で抱え込むように押さえつけた。

「おい、警察を呼んでくれっ！　早くっ！」

仲間の一人が携帯電話で警察に通報する。動きを封じられた女性は「わあっ！」と大声を発して泣き崩れた。

けれども、時間が経つにつれて落ち着いてきたようなので、Tさんは手を放し、「死んじゃ駄目ですよ」と話しかけてみた。三十がらみの女性は黙っていたが、少しして鼻にかかった低い声で、訥々《とつとつ》と喋り出した。

「夫に浮気されて、離婚したの……。仕事に就いてもクビにされるし……。身体の具合はいつも、どこかしら悪いし……。親も、弟も、借金を作るし……」

生きていても何の希望も見出せないので、死にたくなった。死ぬ場所を探して車を走らせるうちに、たまたまここへ来てしまったそうだ。下久保ダムが自殺の名所であることは知っていたが、過去には来たことがなかった。何かに引き寄せられたかのようだという。

やがて群馬県警と埼玉県警のパトカーがそれぞれ到着して、女性がさいたま市在住なので、埼玉県警が保護することになった。仲間の一人が警官に訊く。

「ここってやっぱり、自殺が多いんですかね？」

「そうだね」

「遺体って、一年に何体ぐらい揚がるんですか？」

「百体ぐらいかな」

百体はかなり大袈裟に言ったのだろうが、自殺が多いことは確かなようである。

この夜は警察沙汰になったので、帰宅したのは明け方近くになってしまった。それでも翌週になると、Tさんはまた夕方から〈出る〉といわれる場所へ行くようになった。怪異と遭遇したことが一度もなかったので、早く遭ってみたいものだ、と考えていたという。

人命救助から数ヶ月が経ったその夜も、仲間たちと金比羅橋の周辺へ行ったものの、何も起こらず、夜更けに高崎市内の自宅へ帰ってきた。

当時のTさんは両親と姉二人との五人で暮らしていたが、帰宅すると姉たちは外出していた。自宅は三階建てで、一階に両親の部屋、二階にリビングキッチン、三階にTさんと姉たちの部屋が一室ずつあった。姉たちの部屋は階段を上った廊下の左右にそれぞれあり、

Tさんの部屋は廊下の奥にある。

Tさんは風呂に入り、自室のベッドに横たわった。眠る前に携帯電話でインターネットを見る。それを終えて何の気なしに出入り口のほうへ目を向けると、閉めたはずのドアがわずかに開いて、廊下の灯りが部屋に忍び込んできていた。

(あれ？　閉めたはずなんに《なのに》な……)

ベッドから出て、廊下の電灯を消してから、ドアを閉めて床に就いた。自室の電灯も消して、少しうとうとしていると、じきに目が覚めた。Tさんは出入り口のほうを向いて寝ていたのだが、再びドアがわずかに開いており、廊下から灯りが漏れている。

(またかよ。変だな……)

Tさんは自室の電灯を点けた。姉たちが帰ってきたのかと、各部屋の前に行って声をかけてみたが、二人ともまだ帰宅していなかった。

(何て不良姉妹だ)

呆れながら廊下の電灯を消す。そして自室に戻った。

自室にはテレビを載せた台があって、隅のほうに目覚まし時計も置いてある。その時計が突然、宙に浮かび上がったかと思うと、こちらに飛んできた。

「あっ！」

時計が顔面に向かってくる。咄嗟《とっさ》に片手で顔を庇《かば》った。手に当たった時計が床に落ちる。

(これは、どういう、ことだ!?)

狼狽《ろうばい》して腰が抜けたようになり、ベッドに座り込んでしまう。そこで気づいたのだが、またもや閉めたはずのドアが開いていた。今度は廊下の電灯が点いていない。

暗い廊下に、さらに暗い、真っ黒な塊が浮かび上がった。目を凝らすと、人間くらいの大きさで、じりじりと近づいてくる。

それを認めた直後、Tさんは身動きができなくなってしまった。

(ああっ、まずい！)

次の瞬間、人影がTさんに吸い寄せられるようにして、一気に部屋の中に飛び込んできた。

顔と顔が接触しそうな至近距離に、それはいた。性別不明の、白粉《おしろい》を塗りたくったかのように真っ白な顔であった。頭髪は生えておらず、鼻も口もない。眉間に皺を寄せ、やけに大きな両目だけが鋭く光っている。手足や胴体はマントのような黒い影に覆われていた。

「おまえのせいで！」「おまえのせいで！」「おまえのせいで！」

口がないのに、Tさんの脳裏に直接、女の鼻にかかった低い声が響いてきた。

「私は死にたかった！　それなのに、死ねなかった！　おまえが余計なことをしたせいだ！　これからも人生ずっと、生き地獄じゃないの！　絶対におまえを許さない！」

Tさんはその声に聞き覚えがあった。外見は異なるのだが、伝えてきた内容からも、

(こないだ助けた女じゃないか！)

と、閃いた。

「呪ってやる！　私が死んで楽になるまで、一生呪い続けてやる！　死んでも呪ってやる！」

生霊となって怨みを晴らしに来たらしい。

(よせ。やめろ……。やめてくれっ！)

Tさんは身体がまったく動かず、逃げることさえできない。

(殺されるのか……？)

と、絶望しかけたところへ、いきなり携帯電話が鳴り響いた。

それを機に、Tさんは身体を動かせるようになった。

女の声を発するモノも消え失せた。

いつも携帯電話はマナーモードにしていたので、なぜ鳴ったのか、不思議だったという。

おまけに知らない電話番号からで、誰がかけてきたのかもわからない。かけ返してみる気にはならなかった。

後日、長姉がリビングキッチンにいると、誰もいないはずの三階から、椅子を引き摺る

ような音が聞こえてきたそうである。その上、Tさんの部屋ではまた何度か、テレビの横に置いてある時計が枕元の近くまで飛来したことがあった。

「ひでえよ！　俺は人命救助をしたんだぞ！　本来ならヒーローじゃねえかっ！　何でこんなことをするんだよっ！　馬鹿野郎！」

Tさんは、姿を現さない相手に向かって怒鳴り続けることしかできなかった。

一生呪ってやる——という言葉が気になって心が落ち着かず、眠ろうとしても熟睡できない夜が続く。その影響からか、次第に体調が悪くなり、

（本当に呪われているんだな……）

と、怯えながら過ごす日々が繰り返された。

もっとも、三ヶ月ほど経つと、時計が飛んでくる現象は起きなくなったという。

現在、Tさんは結婚して実家を離れている。彼自身が怪異と遭遇することはなくなったが、実家の跡取りとなった長姉は、今でも三階の廊下付近で椅子を引き摺るような音を聞くことがあるそうだ。長姉の小学生の子供たちも、三階の部屋で暮らすのを嫌がっているらしい。

冬の奥多野《おくたの》

二〇一六年十二月下旬のことである。「高崎怪談会」に語り手としてレギュラー出演して下さっている堀内圭さんから、フェイスブックのメッセンジャーに連絡があった。

『今日は昼間、前橋で怪談以外のイベントがあって、中学生の息子と参加してきたんです。そのあと地元の仲間から話に聞いていた喫茶店へ行ってみたんですが、そこを経営しているおばちゃんが、怪奇な体験が多い人なんスよ。で、会ってみたら、感じのいい、面白い人でね。戸神さんのことを話したら、お名前は知っている、っていうし、取材にも応じてくれるそうです。今度、一緒に行きませんか?』

堀内さんは情報を集める能力に長けていて、よく私の取材に協力して下さっている。行きましょう、と喜んで答えたのだが、堀内さんは年末年始に仕事や家族との予定が入っているので、一月中旬以降が良いという。

その年も押し詰まった、十二月二十七日。

堀内さんが多忙なこともあって、私は当時「高崎怪談会」のスタッフだった男性Rさんと、常連客の女性Sさんとの三人で、県南西部の奥多野と呼ばれる山村へ取材に出かけた。

写真や動画を撮りたかったので、昼間の探訪が中心である。

ところで、我が家の洗面所には鏡の上に小型の蛍光灯が取り付けられているのだが、使い始めてまもなく点灯しなくなった。新品と取り替えてみても、やはり点かない。とはいえ、天井にも電灯が付いていて不便を感じなかったので、長いこと放置していた。

当日の朝、その蛍光灯が独りでに点灯して、白い光を放っている。十数年ぶりのことで、修理はしていないし、スイッチも押していなかったのだが、このときは、変なこともあるもんだなぁ、と思っただけで、じきにRさんが車で迎えに来てくれたので外出した。

最初の目的地は神流湖《かんなこ》である。群馬県藤岡市保美濃山《ほみのやま》（旧多野郡鬼石町）と埼玉県児玉郡神川町大字矢納の県境を流れる神流川を塞き止めて造られたダム湖で、群馬県内では下久保ダムと呼ばれることが多い。その周辺には怪異が起こると噂される場所が幾つもあるが、取り分け有名なのは湖上に架かる赤い橋〈金比羅橋〉と、埼玉県側にある廃屋〈Aさんの家〉であろう。

一例として、二十代の女性NBさんが体験したできごとを記しておきたい。

群馬県内にお住まいのNBさんは、夏のある晩、居酒屋で友達三人と酒を飲んでいた。やがて酒の勢いも手伝って、下久保ダムへ肝試しに行くことになった。NBさんと同行するのは、男友達二人に女友達一人。酒を飲んでいなかった女友達が車を運転することになった。

　四人とも過去に下久保ダムへは行ったことがあり、道は熟知していた。車にはナビゲーションシステムも搭載されている。だが、どこをどうまちがえたのか、途中で道に迷ってしまった。それでも進んでゆくと、道幅は狭くなる一方で、急な上り坂となり、

「ここ、通り抜けられないんじゃない？」

　ＮＢさんがそう言うと、街灯が一本もない道の先に小さな墓地が見えてきた。

「なんか、気味が悪いね」

　誰もが墓地に引き寄せられたような気がしていた。急いで引き返すことにする。男友達の一人に車から降りて後方を確認してもらい、前進と後退を繰り返して何とか車を方向転換させた。来た道を戻ると、今度は湖畔に通じる国道四六二号線へ出ることができた。

　金比羅橋に到着して、橋の上に車を停める。

　この大きな吊り橋では飛び込み自殺や殺人事件が発生しており、ダムの建設中に事故で亡くなった人々もいるので、下から死者が這い上がってきたり、火の玉が舞い上がってきたりする、といった話が多い。ただし、藤岡市は「事実無根で迷惑な話」と否定している。

　橋の辺りに街灯はなく、他の車も通らず、ヘッドライトの光だけが夜陰を照らしていた。深海の途中から向こうは埼玉県だが、ヘッドライトの光は対岸まで十分に届いておらず、

のような暗闇が広がっている。

「歩いて橋を渡ってみようぜ」

男友達二人が車から降りたが、底知れぬ暗闇を前にしたNBさんと女友達は気が進まず、断って車に残った。男友達二人がスマートフォンのライトを点けて対岸へ向かう。

「あっ、あそこに誰か立ってる！」

女友達が、はたと叫んだ。

橋の中間、ちょうど県境に当たる付近に白い人影が佇んでいるという。

「えっ……？　どこにいるん？　あたしには見えないんだけどさぁ……」

「ほらほら！　男か女かわからないけど、あれ、絶対に人だよ！」

女友達は真顔で振り返ってから、懸命に前方を指差す。嘘を吐いているとは思えないが、後部座席に座っていたNBさんが幾ら身を乗り出しても、人影は見えなかった。

男友達二人が対岸から引き返してくる。白い人影の真横を通過したらしい。

女友達は「今もいるわよ！」と言い張っていたが、戻ってきた男友達二人は、

「誰もいなかったよなぁ」

「うん。幾ら暗くったって、人がいりゃあ、わかるはずだよ」

人影など見ていない、と口をそろえた。

女友達は「何であれが見えないんさぁ！」と少し不機嫌になり、NBさんも腑に落ちなかったが、もう一箇所、湖畔にある公衆電話ボックスへ行くことになった。そこも〈出る〉といわれる場所なのである。到着すると、今度は四人とも車から降りた。電話ボックスの中には誰もいなかった。女友達は何も言わない。男友達の一人が「何か写るかもしれねぇから」とスマートフォンで写真を撮った。

それから一行は、その男友達の家まで行き、飲み直すことにした。酔いはすっかり醒めていたそうだ。家に着くと男友達が、

「これ、何かなぁ？」

と、皆にスマートフォンの画面を見せてきた。

件の電話ボックスでの写真である。順番にスマートフォンを回して、NBさんは最後にその写真を見た。接近して撮ったもので、画面の大部分を電話ボックスが占めている。その上半分に、電話ボックスを覆うようにして、巨大な白い髑髏《どくろ》らしきものが写り込んでいた。おまけに、

「何これ？　髑髏みたいじゃない！」

NBさんは皆に話しかけてほんの一瞬、画面から目を離した。そして再び画面を見ると、別の写真に変わっている。髑髏の写真が消えていたのだ。NBさんはスマートフォンを男

友達に返して捜してもらったが、やはり写真は消えていた。そこへ女友達が、

「そういえば、橋の上に立っていたのも、骸骨だったわ！　だから男か女か、わからなかったのよ！　でも、何で今まで気づかなかったんだろう？」

と、騒ぎ出したので、ＮＢさんと男友達二人はしばし言葉を失ったそうである。

さて、私の奥多野探訪に戻ることにしよう。

まずは金比羅橋を目指して、車で湖畔の国道四六二号線を進む。カーブが多い道だ。このときはＲさんが車を運転し、Ｓさんが助手席に座っていた。私は後部座席の左側にいて、車窓から左手の景色を眺めていた。

すると、ダム湖の上に大きな赤い橋が架かっている。下久保ダムに架かる橋は二本しかない。それなら、あれは金比羅橋に違いない、と思った。

「おや？　金比羅橋、もう通り過ぎちゃいましたよ！　いま後ろに見えています！」

私はＲさんに声をかけた。Ｒさんがバックミラーで後続車が来ないのを確認してから、少し先で車を停める。Ｓさんが助手席からダム湖のほうを見つめた。

「どこに、橋があるんですか？」

「ほら、あっちに！」

私は五、六百メートル離れていると思われる湖上を指差した。切り立った崖の上に大きな赤い橋が見える。けれども、Sさんは「わかんないです……」と答えた。Rさんも、

「あっちに橋があるんですか？」

二人には、あの大きな赤い橋が見えていないらしい。私は不可解に思ったが、

「とにかく、ちょっと戻ってみましょう」

温厚なRさんが文句をつけることもなく、車をUターンさせた。来た道を引き返し始める。

ところが、しばらく車を走らせてみても、大きな赤い橋は一向に見えてこない。

おかしいな、とダムのコンクリートの壁が見える場所まで引き返したものの、橋はなかった。それで再びUターンして、先程の地点まで戻ると、今度は左の方角を望んでも橋がない。

それもそのはず、金比羅橋はそこから先、国道四六二号線を少し前進した左手に架かっていたのだ。では、あれは何だったのか――私は唖然とするばかりであった。

金比羅橋を埼玉県側へ渡ると、車を停められる場所があったので、そこで車から降り、橋の上を歩いてみたが、何も起こらなかった。

そのあと私たちは、神流川沿いの道路を上流の方角へ向かって進んだ。多野郡神流町に入り、瀬林《せばやし》の漣痕《れんこん》と呼ばれる崖に残された恐竜の足跡を見に行く。ここでは夜中に訪れた人たちが、得体の知れないモノの息遣いと足音を聞いて逃げ帰った、という話を取材した

ことがあるが、このときは何も起こらなかった。

長居はせず、奥多野のさらなる奥地へと向かう。群馬県の南西の果て、多野郡上野村は平地が極めて少ない山奥にある。かつては〈群馬の秘境〉と呼ばれたが、一九八五年八月十二日に発生した日本航空ジャンボ機一二三便墜落事故によって、全国に知れ渡り、慰霊に訪れる遺族のために道路が整備され、宿泊施設も造られて、〈秘境〉ではなくなった。

ちなみに墜落現場はよくいわれる御巣鷹山ではなく、高天原山《たかまがはらやま》の尾根で、通称〈御巣鷹の尾根〉と呼ばれている。大事故の現場だけに、この村にはさまざまな怪談が伝わっているが、その多くは体験者がいない〈田舎伝説〉らしい。

もっとも、埼玉県在住の怪談仲間から聞いた「大字楢原にある慰霊の園には、『ムーミン』に出てくるニョロニョロに似た、大きな白蛇のような妖怪が出没する」という情報は興味があったので、現場を訪れてみることにした。

そこは犠牲者を供養した慰霊塔と、身元が確認できなかった遺体の納骨堂がある。深山の冬の夕暮れだからか、あるいは遺族に引き取られていない遺骨が眠る場所だからか、うら寂しい気分になったが、白蛇のような妖怪を目撃することはできなかった。近くを歩いている人もいないので、話を聞くこともできない。

実際の墜落事故現場はここから南西に十キロも離れた山岳地帯で、冬季は登山道が閉鎖されている上、日が暮れて到達できないことはわかっていたが、Rさんの希望で、車で行ける所まで行ってみることになった。長いトンネルを抜けて険しい山道を登り始めた頃には、辺りは真っ暗になっていた。冬に活動する蛾の仲間、フユシャクがひらひらと舞っている。

ふと、前述の堀内圭さんが聞いたという御巣鷹の尾根に関する話を思い出した。

生存者の救出が終わって、遺体の収容作業が行われていたときのこと。自衛隊や警察機動隊、消防団などは対策本部と無線で連絡を取り合っていたが、極めて険しい山奥だけに無線が通じなくなることがあった。そんなときは若い隊員が無線の届く地点まで伝達に行く。

その日、命令を受けた某機関の隊員Aさんは、大きな無線機を携《たずさ》えて下山を始めた。これまでは人が入らない山だったが、自衛隊、警察機動隊、消防団のほか、「作業の邪魔をしに来た」と批判された報道陣など、さまざまな人々がやってきたので粗末な道ができている。しかし、Aさんは下山の途中で道に迷ってしまった。すぐに気づいて本来の道へ戻れたのだが、大量の蔦が足に絡まっていた。

もしゃもしゃの蔦をナイフで切っていると、その中に何かがある。

見ればワイシャツと腕時計を着けた、人間の手の一部であった。肘と手首の中間から、引きちぎられたように切断されている。血と油と砂埃にまみれて親指はなく、他の指は四本とも第二関節までしかなかった。だが、掴みかかろうとするかのように、その四本指を広げている。Aさんは我知らず飛び退いた。

（こんな所にまで、遺体が！）

墜落現場からはかなり離れている。爆発で吹っ飛ばされたのだろうか。Aさんは無性に恐ろしくなって、手の一部をそこに残したまま、下山してしまった。それでも伝達を済ませて墜落現場へ引き返すときには、あの手を収容しなければならない、と考えていた。

ところが、同じ場所まで戻ってみたところ、蔦の中にあったはずの手が消え失せていた。ぼろぼろになったワイシャツの袖の一部と、男物の腕時計だけが残されていたという。

（おっかしいな。鳥か獣に食われちゃったんかな？）

それならワイシャツの袖と腕時計も持ち去られるか、別の場所に落ちていそうなものだ。なれど、それらは先程と同じ蔦の中にある。

（不思議なこともあるもんだ）

思えば、道に迷わなければ絶対に発見できなかったものである。のちに結果が出るのだが、この墜落事故では損傷が激し過ぎて身元を特定できない遺体が多かった。

（家族に届けてくれ、ってことだんべえな《だろうな》……）

Aさんは手を合わせてから、それらを遺留品として回収した。

なお、これは他の方から聞いた話だが、後年、墜落事故が発生した八月十二日の夜になると、御巣鷹の尾根の方角が昼間のように明るく光って見えることがあったそうだ。

残念ながら、御巣鷹の尾根へ向かう車道は落石が多かった。慰霊の登山者が訪れる夏場と違って、道路の手入れがされていないのだ。結局、我々は途中で前進を諦めて帰路に就いた。この日の収獲は、〈幻の赤い橋〉が見えたことのみに終わった次第だが……。

あの橋は一体、何だったのか？　後日、検証してみた。もしかすると、ダム湖のように地形が複雑に入り組んだ場所では、前方にある物体が後方にあるかのように見えるのだろうか——そう思ったので、インターネット地図の航空写真を見たり、もう一度、現地へ行ってみたりもした。けれども、そこは前後の区別がつかなくなるほど、複雑な地形ではなかった。あるいは蜃気楼でも見たのだろうか？　確かに、同じ西毛の妙義山では、山が二重に見える蜃気楼が観測されている。しかし、下久保ダムでの目撃例は聞いたことがない。それに、同行した二人が「橋は見えなかった」と証言していることから、蜃気楼でもないようだ。

また、ある方にこの話をしてみたところ、「湖に浮かぶブイではないか」と言われたが、湖面は国道よりもだいぶ下にある。私が見た赤い橋は崖の上に架かっていた。

それはさておき、二〇一六年十二月二十七日のできごとに話を戻そう。午後九時頃になって、私は高崎市内の自宅に戻ってきた。そしてパソコンを起動させたところ……。

堀内さんからフェイスブックにメッセージが届いていた。

『大変です！　さっき地元の仲間から知らせがあったんですが、先日話していた喫茶店のおばちゃんが、今日の午後六時頃、急に脳溢血で倒れて、そのまま亡くなってしまったそうなんスよ。いや、つい数日前はあんなに元気だったので、本当にびっくりしています！』

驚くべき訃報であった。こうして、その女性から取材をする機会は永遠になくなってしまった。偶然の一致と考えたいが、思えば朝も昼も、奇妙な現象が起きてはいたのだ。

ひょっとしたら、巻き込んでしまったのではないか——女性の突然死も繋がりがあるような気がして、私の心は暗くなった。

（注）……下久保ダムと瀬林の漣痕の怪異は、既刊の拙著『群馬百物語　怪談かるた』に詳しく書いてあるので、御参照いただきたい。

参考文献　『日航機墜落——123便、捜索の真相』河村一男 著（イーストプレス）
『新装版 墜落遺体 御巣鷹山の日航機123便』飯塚訓 著（講談社）

寒い講演

二〇〇八年十一月、高崎市出身在住の女性Yさんが、三十代後半の頃の話だという。

藤岡市で仕事の研修が行われることになり、専門家の講演を聴かなければならなくなった。当日、Yさんは高崎市街地にある職場から、上司や同僚とマイクロバスに乗って会場へ向かった。

会場は百名以上が収容できるホールである。席に着いて講演が始まると、急に寒くなってきた。群馬県南部の十一月は小春日和が多く、強い風さえ吹かなければわりと暖かい。この日も晴天で屋外は暖かかったので、意外に思った。念のために持参した薄いダウンジャケットを膝に掛けたが、まるで効果がない。かえって寒さが増してくるようであった。

(こんな時季まで冷房を掛けてるんかねえ?)

少し呆れながら、近くにいた係員の承諾を得た上で、ジャケットを着た。チャックとボタンまで閉めたものの、依然として寒い。音を立てそうなほど震えていると、

「大丈夫?」

隣席に座っていた女性の同僚が、異変に気づいて小さく声をかけてきた。

「……ここ、寒くない？」

「あたしは平気。これ、貸してあげらあね」

ささやき声でそんなやり取りをしたあと、同僚が上着を貸してくれた。

Yさんはそれも着込んだが、まだ寒かった。真冬の雪山にいるようだ。

(風邪を引いて、悪寒がしているのかな？)

体調の悪化を疑い始めたほど寒くて、全身の震えが止まらなかった。

しかも、講演をしている男性の背後に黒い影が幾つも見えてきた。会場内を見回すと、ほかにもあちこちに黒い影が浮かんでいる。次第に色が濃くなり、形がくっきりとしてきた。

真っ黒な人影だ。相当な数がいるらしい。五体がそろっているものもいるが、首や手足がないものがいたり、逆に首らしきものや手足だけが宙に浮かんでいたりもした。

(わああっ！)

Yさんは目を閉じて黒い影を見ないように努めた。

三十秒ほど経って目を開けると、黒い影は幸いなことに、すべて消え去っていた。

(良かった……)

やがて講演が終わった。寒さと黒い影が気になって、内容は半分も頭に入っていなかったという。屋外に出ると、暖かかった。暑く感じられるほどなので、同僚に上着を返し、ダウンジャケットも脱いだ。室内だけが寒かったのである。

マイクロバスに乗って帰る途中、隣席に座った同僚に訊いてみた。

「あん中《の》、なから《かなり》寒かったいね？　今時分に冷房を掛けてたんかねえ？」

「ううん。暑くも寒くもなかったよ。冷房？　掛かってなかったよ。幾《いっく》ら暖《あった》かいっつったって、こんな時季には掛けないでしょ」

と、同僚が目を丸くしている。

斜め前の座席で話を聞いていた男性の上司が、苦笑しながら口を挿《はさ》んできた。

「ああ……。Yさんに言うとさぁ、途中でタクシーを呼んで一人で帰っちゃうかと思って、黙ってたんだけどさぁ、ここって昔は市民体育館だったんだいね」

一九八五年八月十二日に発生した日本航空ジャンボ機一二三便墜落事故は、乗員乗客五二四名のうち、五二〇名が死亡する大惨事で、単独の航空機事故では世界最多の死者を出した。墜落現場の多野郡上野村、御巣鷹の尾根で収容された遺体は、ヘリコプターで藤岡市内へ運ばれ、藤岡市民体育館が臨時の遺体安置所として使われることになった。

「そのあと体育館は取り壊されて、別の場所へ移転したんだよ」

Yさんは時たま不思議な体験をすることがあり、職場の人々もそれを知っていたのだ。

「あ、そういえば……」

Yさんには思い当たることがあった。一週間ほど前、職場で休憩時間にこの墜落事故の話題が出たことがあって、藤岡市出身の若い後輩、K司さんがこんな話をした。

「俺、あのときは小学五年生だったんですが、呼び出されてシートを運んだり、床に敷くのをやらされましたよ」

大人たちは仕事があるので、夏休みで家にいた地元の小学生が駆り出され、市民体育館が遺体安置所として利用される前にゴムシートを敷く作業を手伝ったそうである。

「ふうん……。私は墜落したときの音を聞いたのよ。夜の七時頃に、家で母とテレビを観ていたら、何とも言えない変な音が聞こえてね、『今の音、何？』『変な音だったねえ』って話してたら、そのあと速報が流れたんさぁ。だけど、人に話すと、『聞こえなかった。幾ら大爆発をしても、高崎まで聞こえるわけがない』って、誰も信じてくれないんだいね」

Yさんは忘れかけていた高校生の頃の体験を思い出して苦笑した。

(それが原因だったのかな？)

このときは既に別の公共施設として建物も新築されていたので、Yさんは事前に市民体育館の跡地だとはまったく気づいていなかった。改めて犠牲者たちの冥福を心の中で祈りながら職場へ戻ってきた。

なお、上司や同僚たちはK司さんも含めて、寒さも感じず、黒い人影も見なかったという。

深夜の碓氷峠

群馬県には郷土の名所旧跡や名物、文化、歴史上の人物などを描いた『上毛かるた』があって、小学校の授業にも取り入れられている。

〈う〉の札は「碓氷峠《うすいとうげ》の関所跡」。

これは旧中山道の関所跡のことで、現在も西毛の安中市松井田町横川に遺されている。

横川はJR信越線の終着駅であり、〈荻野屋《おぎのや》〉が開発した駅弁の〈峠の釜めし〉が名物だ。益子焼《ましこやき》の土釜に、出し汁を加えて炊き込んだ飯を詰め、鶏肉、牛蒡《ごぼう》、椎茸、筍、鶉《うずら》の茹で卵、栗、グリーンピース、紅生姜、そしてデザートの杏子《あんず》を載せたものである。

旧中山道を西へ移動し、碓氷峠を越えた標高約一〇〇〇メートルの長野県北佐久郡軽井沢町は、洒落た避暑地や別荘地として、より人気が高い。

さて、三十代の女性Mさんが、十年ほど前に軽井沢町の教会で行われた友人の結婚式に参列したときのこと。結婚式は夕方から始まり、披露宴、二次会まで出席して、すべて終わると深夜になっていた。さらに友人たちと談笑して、ようやく解散したのは午前一時半頃であった。参加者の大半は式場に併設されているコテージに宿泊することになっていたが、Mさんは朝から仕事があるので、一人で車を運転して群馬県内にある自宅へ帰ることにした。

高速道路は利用しなかった。最寄りの碓氷軽井沢インターチェンジは軽井沢の街から十キロも離れているし、夜中だから一般道路も空《す》いているはず、それに自宅まではそう遠くないので、高速料金を支払うのは馬鹿らしい、と考えたのである。

一般道路の国道十八号線には、バイパスと碓氷峠を通る旧道の二本があるが、このときMさんは夜間でも快適に走れるバイパスではなく、難路といわれる旧道へ進んでしまった。あとから思えば、眠いのを我慢していて頭が働かなかったのだという。

県境を越えて群馬県に入る。碓氷峠を下り始めてまもなく、

(いけない。バイパスに行くべきだったわ……)

Mさんは失敗に気づいた。旧道は幅員《ふくいん》が狭い上にヘアピンカーブが多く、鬱蒼《うっそう》とした森に囲まれ、昼間でも薄暗くて気味が悪い場所なのだ。とはいえ、引き返すのも面倒なので、そのまま進むことにした。

街灯が一本もない真っ暗な夜道が、曲がりくねりながらどこまでも続いている。擦れ違う車は一台もない。Mさんは眠気覚ましと怖さを紛らわせるべく、大音量で音楽を流し始

めた。

峠の中ほどまで下ってきたとき、助手席のドアが不意に、バン、バン！　と叩かれた。

（何⁉）

そちらに目を向けると、窓の外に人間の腕が浮かんでいた。

Mさんは驚愕して、車の速度を落とした。眠気が一気に覚めてゆく。目を凝らすと、肘から手の先までがドアガラスに密着している。青白いが、筋肉質で太かった。男の片腕らしい。

Mさんは一旦視線を前方に戻し、急カーブを一つ曲がると、再び助手席の窓に目をやった。

男の腕は少しドアガラスから離れていたが、先程よりもはっきりと見えた。親指を立てて上に向け、他の四本指を握っている。〈乗せてくれ〉の合図であった。

（えっ、ヒッチハイク⁉）

このときはヘアピンカーブの連続で、車の速度は四十キロ程度に抑えていたが、生身の人間が追走できるとは思えない。ましてや真夜中に通行人がいる場所ではないので、

（生きてる人間じゃない）

と、Mさんは直感した。そして理由はわからないが、

（ここで車を停めたら、殺されるだろうな……）

咄嗟にそう思い、アクセルを強く踏み込んだ。車の速度が上がってゆく――。

だが、助手席のドアガラスを見れば、男の手は離れずについてきて、〈乗せてくれ〉と合図を送り続けている。

Mさんは焦った。気づけばカーブでも五十キロ、直線では百キロ近い速度を出していた。ハンドルを切り損ねれば、ガードレールを突き破って崖下に転落するかもしれない。全身から冷や汗が噴き出してくる。一刻も早く旧道から脱出したかったが、思うに任せず、時間の経過がやけに遅く感じられた。

それでも必死に車を走らせていると、やっと〈めがね橋〉の案内板が見えてきた。一部が廃線となったJR信越線の煉瓦橋で、現在は観光名所として保存されているものである。

（あと、もう少しね）

Mさんは幾分、心に余裕が出てきた。

そこでまた助手席のドアガラスに視線を向けると、男の手はいなくなっていた。どうにか無事に峠を抜けることができて、

（ああ、助かったぁ！）

溜め息を吐いたとき、向こうから車のエンジン音とヘッドライトが近づいてきた。

大きな車だ。それは救急車であった。サイレンを鳴らさず、赤ランプも点灯させていない。擦れ違った救急車は、ゆっくりと碓氷峠を登っていった。

のちにMさんは、碓氷峠の旧道では車が崖から転落したり、失踪者が自殺を遂げたりして、何人もの死者が出ていることを知った。

（きっと、車を停めた人たちが引き込まれたのね……）

Mさんはそう確信して、震え上がった。

あとから考えると、男の手は左腕で、身体の他の部位は見えなかった。そしてそれが光っていたわけでもないのに、どういうわけか、真っ暗闇の中で明瞭に見えたという。

その上、擦れ違った救急車の存在も気になるそうだ。

サイレンを鳴らしていなかったので、救急患者を長野県から群馬県の病院に搬送して、引き揚げる途中だった、と考えるのが妥当だが、県や市町村が異なれば消防署の管轄も異なり、通常は越境してくることはない。おまけに、なぜ帰路にバイパスを利用せず、わざわざ真っ暗で危険な旧道を選んだのか、不可解に思えてならなかったそうである。

参考資料　荻野屋　ホームページ　https://www.oginoya.co.jp/

二分の一の教習所

四十代後半の男性Kさんは、若い頃に群馬県内の田舎町にある自動車教習所で教官として働いていた。ベテランの先輩たちは両親よりも年上であった。Kさんが路上教習に出始めた頃、最年長の上司が周辺地域の地図を見せながら、こう告げたことがあった。

「いいか、K。ここいら《この辺り》は通るなよ」

地図の一点を指差す……かと思いきや、指先で円を描いた。特定の道路ではなく、広い範囲を漠然と示している。

「何で、ですか？」

「知らなくってい《いい》んだよ」

「あそこは行っちゃいげねんだ」

他のベテランの上司も同調している。にも拘らず、理由や正確な場所は教えてくれない。

「ちゃんと場所がわからないと行っちゃうかもしれませんから、教えて下さい」

「あそこさぁ」

「どこなんですか？」

「行ぎゃあわからい」

先輩二人は苦笑いを浮かべるばかりで、絶対に教えてくれなかった。けれども、目が笑っておらず、Kさんのことをからかって面白がっている風ではなかったという。

「じゃあ、理由を教えて下さい。危ない崖があるとか、急に道が狭くなるとか、ですか？」

「いや、そうじゃねんだよ。普段はいいけど、時季と時間によっちゃあ、危ねぇんだい。帰ってきらん《こられ》なくなるから、絶対《ぜってえ》行《い》ぐないな《くなよ》」

Kさんは別の日に、三つ年上の先輩に訊いてみたが、

「俺も前に同《おんな》じことを言われた。そいだけど、地図で大まかな範囲を言うべえ《ばかり》で、具体的な場所も理由も言《ゆ》ってくんねえから、知らねえんだよ」

年配の教官たちは場所も理由も知っているらしいが、数年の間に定年を迎えて次々に退職していった。

すると、それを待っていたかのように五十がらみの先輩から声をかけられた。

「Kは、行っちゃいけない場所の話を覚えてるっきゃあ《かい》？」

「はい、もちろんです。何か御存知なんですか？」

「じゃあ、話すで。……昔、俺が三十二、三の頃のことなんだけどな」

年の瀬近くに年配の男性教官と受講生の若い女性が、教習車ごと行方知れずになったこ

とがあるそうだ。路上教習の時間が終わっても戻らず、連絡がつかない。事故に遭ったのではないか、と皆が心配して捜し回ったが、なかなか発見できなかった。夜が更けて警察に届け出ようかと相談していたところへ、二人が乗った教習車が戻ってきた。

その教官と受講生の証言によれば、午後四時台に受講生が車を運転し、教官が助手席で指導していると、山の中のある地点で急に辺りが真っ暗になった。

「あれ？　ハア日《もう》が暮れたんか。ばかに早《はえ》えな」

教官は受講生にヘッドライトを点けさせて教習を続けたが、記憶にない道が続いている。どこにいるのか、さっぱりわからなくなった。車を停めさせて場所を確認しようとしてもわからず、教習所へ戻れなくなってしまった。埒が明かないのでまた車を走らせてみたが、森に囲まれた知らない道がどこまでも続いている。

「このまま帰れなかったら、あたし、どうしたらいいんですか……」

受講生が泣き出してしまう。

彼女に変わって教官が車を運転することにしたが、彼自身も同じことが脳裏をよぎって不安で堪らなかった。それでも諦めずに走り続けていると、豁然《かつぜん》と街灯が点った明るい通りに出た。そこは見覚えがある場所で、すんなりと教習所まで戻ってくることができたという。

「そりゃあ不思議だねえ」

「とにかく、二人とも無事で良かったい」

上司や同僚たちは安堵したが、この教官は翌年の春に脳梗塞で倒れ、半身不随になって退職した。受講生の女性は教習所を卒業し、普通自動車運転免許を取得したものの、数ヶ月後に事故を起こして亡くなってしまった。事故を報道した新聞に名前が載っていたそうだ。

それから、どうも変だ、あれは人に話してはいけないことだったのかもしれない、と言われるようになった。

だが、新しく入った教官は何も知らない。新人教官が冬の午後四時台に同じ場所へ路上教習に行って、また知らない道に迷い込み、なかなか戻れなくなる事態が発生した。真夜中を過ぎてどうにか教習所へ戻ってきたときには、教官も受講生も疲弊して真っ青な顔をしていた。二人は事情を皆に伝えたが、じきに教官は体調を崩し、鬱病になって自殺してしまった。受講生もなぜか教習所に通ってこなくなり、どうなったのかわからないという。

それからは事情を知らない新人が現場へ行ってしまい、行方知れずになることを防ぐため、先輩たちが「あの辺には行ぐないな《なよな》」と教えるようになったのだが、詳しい理由と正確な場所を語ることは避けるようにした、というのだ。

「そんなことが……。でも、こんなに話しちゃって、大丈夫なんですか？」

Kさんが心配して訊くと、先輩は高笑いをした。

「い《いい》んだよ。俺はこんな話、端《はな》っから信じちゃいねえからさぁ。ただ、あの二人がいたときは、話すな、って言われてたから、黙ってたんだいの」

ところが、それから数日後。

その先輩は自宅へ帰る途中、車ごと崖下へ転落して死亡してしまった。

事故現場は過去に教習車が迷い込んだとされる範囲ではなかったので、因果関係があるのか否かはわからないそうである。

なお、この話をして下さったKさんは、既に教習所を辞めて長い年月が経っているが、彼がここまで話して大丈夫なのか、私、戸神も気になった。

「いや、僕は大丈夫ですよ。実はこの話、これで全部じゃなくて、まだ全体の半分ぐらいなんです。全部話さなければ問題ないはずなんで、心配しないで下さい」

Kさんはそう言って、満面に笑みを浮かべた。

しかし、彼もやがて失業したり、家族が病気になったりして、一時は悪いことが続いた。

今ではその教習所もなくなってしまったという。

上毛スペシャル

三十代の女性Lさんが前橋市内の実家へ帰ると、兄が〈焼きまんじゅう〉を買ってきて振る舞ってくれた。独特の甘く香ばしい薫《かお》りが部屋中に広がってゆく。

焼きまんじゅうとは、群馬県全域で製造、販売されている郷土食である。場所によっては〈味噌まんじゅう〉とも呼ばれ、あんこが入っていない饅頭を長い竹串に刺して並べ、焦げ目がつくまで火で炙りながら味噌や砂糖、味醂《みりん》などを混ぜた秘伝の甘辛いタレを繰り返し塗ったものだ。一本の竹串に刺す数は四個が一般的だが、店によって異なり、あんこ入りを出す店もある。発祥は江戸時代の前橋とも、沼田ともいわれている。

「これ、お袋が好きだったんだ」

兄が仏壇に一本分を供えた。

Lさんたちの母親は若くして病没している。そのため、当時まだ幼かったLさんは母親のことをよく覚えていない。

「俺は今でも忘れられないんだよ。お袋が亡くなった夜のことがさぁ……」

兄が焼きまんじゅうを頬張りながら語り始めた。

母親は不治の病で高崎市内の病院に入院していたが、その夜遅く、付き添っていた父親から電話がかかってきた。母親の危篤を知らせる連絡であった。当時七歳だった兄と三歳だったLさんは眠っていたところを呼び起こされ、祖父母に連れられてタクシーに乗り、病院へ向かった。Lさんはじきにまた眠ってしまったそうである。

前橋市から高崎市へ入った頃、急にどこからか、焼きたての焼きまんじゅうが放つ香ばしい薫りが漂ってきた。タクシーのドアガラスは閉まっている。真冬のことで車内はエアコンの暖房が掛かっていて、外から匂いが入ってきたようであった。

「焼きまんじゅうの、匂いがすらいな《するよな》……」

それまで車内は重苦しい空気が充満していたが、助手席に乗っていた祖父が呟くと、

「そうだいね。こんな時間に焼きまんじゅうなんか、どこで焼いてるんかねえ？」

後部座席に座って兄とLさんの様子を見守っていた祖母も、奇妙に思ったらしい。

そのとき、左側の車線に真っ赤なスバルの軽自動車が現れた。後方から速度を上げて近づいてきたのだ。しかし、その車はタクシーを追い越そうとはせず、並走する格好になった。

（ああ、お母さんのと同じ車だ）

と、兄は気づいた。

母親は赤色が好きで、車は太田市の中島飛行機を起源とする富士重工業（現ＳＵＢＡＲＵ）の軽自動車に乗っていた。ただ、その車は今、前橋市内の自宅の庭に駐《と》めたままになっているはずであった。

（たまたま同じ車が来たんだな）

当時七歳だった兄でも、そう考えたという。

けれども、その車は奇妙なことに車内灯を点けて走っていた。車内が明るかったので、後部座席の左側に座っていた兄は、運転者の姿を認めることができた。

「お母さん！」

身を乗り出して、タクシーのドアガラスに顔をくっつけながら見入ってしまう。

車を運転していたのは母親であった。元気だった頃と少しも変わらぬ顔をして、ハンドルを手にしたままこちらを向くと、にっこりと優しく微笑んだ。

「お母さんだ！」

兄の声に祖父母が反応した。

「ええっ!?」

二人が同時に車外へ視線を向ける。

だが、次の瞬間、真っ赤なスバルは母親もろとも消え失せてしまった。兄のほかには誰も母親とその愛車を見ていなかった。とはいえ、母親が好きで子供たちにもよく食べさせてくれた焼きまんじゅうの薫りだけは、病院へ着くまでの間、ずっと漂い続けていたそうだ。

タクシーが病院に到着したとき、残念ながら母親は既に亡くなっていた。容体が急変して、手の施しようがなかったらしい。

兄の話によると、母親の死に顔は土気色をして痩せ細っていて、先程車を運転していた顔とは異なっていたし、自宅に帰ると愛車は駐《と》められたままになっていたそうである。

「親父が言ってたんだけどさぁ、元気だった頃のお袋は、歩いて五分で行ける場所にも車に乗ってってたぐらい、車が好きだったらしいんだいね。だから、最期も車に乗ってお別れに来たんかねえ？」

兄はそこまで語ると、笑いながら焼きまんじゅうをまた一個、箸で摘まんだ。

「車も好きだけど、ものぐさだったんだろうね、お母さん」

Lさんも釣られて微笑む。

母親がすぐ近くにいて、優しく苦笑いを浮かべているような気がしていた。

大雪の上武国道

群馬県は北毛の奥地こそ雪深いが、それ以外の地域は山岳地帯を除けば降雪が少ない。平野部の降雪は東京よりも少ないほどである。

十数年前の冬、堀内圭さんは埼玉県熊谷市にあるライブハウスへ行った。同行者は中学校時代の後輩で、弟の友達なのだが、堀内さん自身も仲が良かった。同じバンドのファンなので、一緒に行くことになったという。会場には久しぶりに会う同好の士もいて盛り上がり、楽しかった。だが、二十二時を過ぎてライブが終わり、外へ出てみると、大雪が降っていた。

「ああ、こりゃあ参ったな……」

当時の堀内さんは仕事で北毛へ行くこともあったので、四輪駆動の軽自動車に乗っており、冬場はスタッドレスタイヤを着用していた。それでも、日頃から大雪に慣れているわけではないので、些《いささ》か不安になる。

後輩と相談して、上武国道と呼ばれる国道十七号線で前橋市まで帰ることにした。この道路は群馬県に入ると片側二車線になるので、速い後続車が来ても左車線に入れば煽られることはない。それに車の通行が多い道路のほうが、雪が積もり難《にく》くて走りやすい、と考えたのだ。堀内さんが運転し、後輩が助手席に乗って、安全運転でゆっくり帰ることにした。

二十三時頃に、利根川に架かる新上武大橋を渡った。県境を越えて群馬県太田市に入っても、変わることなく紫色の夜空から、真っ白な雪が絶え間なく落ちてくる。冬の群馬県南部では、やや珍しい光景だ。平素なら真夜中でも引っ切りなしに車が走っているのだが、さすがにこの夜は少なかった。長距離トラックがぽつぽつと通る程度である。

銀世界をしばらく走ると、制服を着た警官が赤色灯（誘導棒）を持って「止まれ」の合図を示しているのが見えた。堀内さんは車の速度を落とし、停止させた。

「事故でもあったんかな？」

男性警官が近づいてきて、助手席のドアを叩く。ドアガラスを開けると、

「こんばんは！　お仕事の帰りですか？」

と、訊ねてきた。年の頃は三十二、三歳で、眉の濃い、きりりとした顔立ちをしている。

「ええ。そんなところです」

「お疲れ様です！　お酒、飲んでないですよね？」

「はい。飲んでいません」

堀内さんは元来、酒を飲まない。アルコール検査なら望むところだ、と思ったが、警官

は検査をやろうとはしなかった。

「今夜は雪が多くて危険ですから、気をつけて行って下さいね！」

警官が柔和な笑みを浮かべた。もう行って良し、ということらしい。

助手席にいた後輩がこちらを見て、目と顎で前方を示す。〈早く出して下さい〉という目配せであった。堀内さんは軽く頷いてから、

「お巡りさんもこんな夜に、大変ですね！　お疲れ様です！」

と、警官に向かって一礼し、ドアガラスを閉めて車を発進させた。

「あの警官、変じゃないスか？」

車が幾らも進まぬうちに、後輩がそう切り出した。

「こんな夜に鼠《ねずみ》捕りなんかする警官、いねえでしょう、普通。質問の内容も変でしたよ。お酒飲んでないですか、なんて……。これだけ大雪が降ってるんに、夜中まで飲み歩く奴なんかいやしませんよ。……それに、合羽も着てなかったし、チームでやるはずなんに、一人きしゃ《しか》いなかったじゃねえっスか」

「ぬう……。言われてみりゃあ、そうだいな」

堀内さんは薄気味悪く思った。しかし、彼は無類の怪談好きなので、同時に好奇心が沸々《ふつふつ》と湧いてきて、血が騒いだという。

「よし、いい機会だ。引っ返してみるべえ。ちっと《少しだけ》べえ様子を見てやろうじゃねえか」

「ええっ！　何でわざわざそんな！　気持ち悪いから、関わらないほうがいいっスよ」

「なあに。大丈夫さ。何かあったらすぐに逃げるから。車を追っちゃあきらんない《こられない》だろう」

後輩は嫌がっていたが、堀内さんは確認しないことには気が済まなくなっていた。中央分離帯が途切れた場所を見つけてUターンする。先程、警官と遭遇した場所まで引き返すと、反対車線を走ってきたトラックが停車した。警官の赤色灯が光っている。

「おっ、あのトラックも停められたんだな」

堀内さんは車の速度を落とした。

ところが、一度は停まったそのトラックが凄まじい勢いで発進した。雪の中では危険な運転といえよう。何かに驚いて逃げ出したかのように見えた。

「何でしょうね？」

「何かあったんじゃねんか」

車を徐行させながら見れば、先程の警官がまだ路上に立っていた。降り頻《しき》る雪の中、こちらを向いて、にっこりと笑いかけてくる。

「うおっ！　目が合っちまった！」

近くにパトカーは停まっていなかった。おまけに警官の身体は雪を少しも浴びていない。

本来なら、数分で全身が真っ白になっていることだろう。

「この道は通らねえほうがいいな」

初めは中央分離帯が途切れた場所を見つけて再度Uターンし、警官に対して逆に質問をしてやるつもりだったが、気が引けたので、少し走ってから別の道に入った。上武国道と比べれば細い道路だ。通る車はより少なく、積雪が多くて走り難かったが、仕方がない。白銀に染まった道路を慎重に走り、時間をかけてどうにか前橋市内の自宅まで帰り着いた。

春が来て、堀内さんはたまたま仕事で太田市の同じ場所を通りかかった。

（ああ、この辺だったな。謎の警官がいたのは……）

もちろん、あの警官の姿はなかった。だが、堀内さんは気になるものを目にしたという。

それはこの場所で速度の出し過ぎによる自動車事故が多発しているため、安全運転を呼びかけようと設置された看板で、男性警官の絵が描かれていた。古いものらしく、錆びてぼろぼろになっていたが、大雪の夜に出会った警官の顔とよく似ている気がした。

その看板はのちに撤去されて、今はもうないそうである。

噂のトンネル

　怪談語りを趣味として、数々のイベントにも出演しているマリブルさんが提供して下さった話である。マリブルさんは、この話を建設会社に勤務する初老の男性Bさんから聞いたという。

　かなり以前のことだ。その頃、Bさんは勢多《せた》郡黒保根《くろほね》村（現桐生市黒保根町宿廻《くろほねちょうしゅくめぐり》）を通る国道一二二号線、城下《しろおり》トンネルの補修工事に携わっていた。

　当時、ここは自動車事故が多くて、怪異の噂も絶えない場所であった。ただし、トンネル自体は片側一車線で幅員は狭く、長さも七十メートルほどしかない。

　トンネルの北側に当たる入口付近は道路の片側が山で、土砂崩れを防ぐため、斜面をコンクリートで固めた上、金属製の柵が取り付けられている。反対側は深い峡谷であった。

　補修工事は道路を片側ずつ通行止めにして、現場監督一名と作業員八名、警備員二名で取りかかっていた。

　土木業界は縁起を担《かつ》ぐ人物が多い。けれども、この現場監督は例外で、

「事前に地鎮祭なんか、すらっといい《しなくてもいいだろう》だんべえ。補修工事だけやりゃあい《いい》んさ」

と、独断で計画を進めてしまった。

Bさんたちは不安や不満を抱いたが、上役が決めたことには黙って従うほかなかった。

着工から数日後の朝、一同は現場に集合した。毎朝、現場監督が中心となって、朝礼を行うのが決まりとなっている。トンネルの入口前、通行止めにした峡谷側の路上に整列して立ったまま、簡単な会議が始まった。まずは現場監督がこの日の計画を説明する。

と、そこへ――。

ドガアアン！

突如として、背後から物凄まじい音が轟いた。一瞬のことながら、地面が揺れたという。

「何だっ⁉」

Bさんは肝を潰して飛び上がりそうになった。作業員たちが一斉に振り向く。

すると、すぐ後方の路上に巨大な岩が落下していた。

巨岩は真っ黒で角張っていて、高さと横幅がそれぞれ三メートルもありそうに見えた。その尖った下部はアスファルトの路面に突き刺さり、山側の車線を完全に塞いでいた。落下の衝撃によって、山の斜面から次々に小石が転げ落ちてくる。

しかし、Bさんたちを驚かせたのは、それだけではなかった。

山の斜面は下半分をコンクリートで固められており、木々が茂った上半分にも崩落した箇所は見当たらず、金属製の柵も破られてはいない。今、目の前に聳《そび》えている真っ黒な巨岩がどこから落ちてきたのか、まったくわからなかった。

その場にいた全員が、斜面を見上げながら棒立ちになってしまう。それでわずかの間、誰もが巨岩から目を離していたらしい。

「おい！」

隣に立っていた先輩の作業員が、真っ青な顔をして右手を指差している。

「見ろ！　さっきの岩が……」

Bさんが路上に視線を戻すと、巨岩はなくなっていた。

消えた——としか思えなかったが、つい先程まで巨岩が落ちていたアスファルトの路面には大きな穴が開き、周りには亀裂が走っていた。小石も沢山転がっている。

「何だかわかんねえけど……ぶっつから《ぶつから》なくて、良かったいなぁ」

「まあず《ほんとに》、いまちっと《もうちょっと》んべえ近くに落っち《おち》たら、死ぬところでしたね」

Bさんたちは、遅れて噴き出してきた冷や汗を作業着の袖で拭った。汗はなかなか止まらなかった。そして、現場監督が地鎮祭をやらなかったせいではないか、と考えたそうである。

真っ黒な巨岩の正体は、未だに謎だという。

夜の切り株

群馬県は東日本で最も古墳が多い県とされている。

これもマリブルさんがよく行く飲食店で、マスターの弟のOさんから聞いた話だ。

二〇〇〇年のこと、当時十九歳だったOさんは、ぐれて高校を卒業しても定職に就かず、毎日遊んで暮らしていた。その日、彼が前橋市内の自宅にいると、悪友のTから電話がかかってきた。

「彼女がいなくなって、連絡が取れねえんだ。一緒に捜してくんねぇ？」

同棲している彼女が家出をしたらしい。Tは車を所有していないので、捜せる範囲が限られている。どうせ痴話喧嘩だろう、面倒だな、とOさんは思いながらも、腐れ縁でやむなく協力することにした。Oさんは車を出してTを拾うと、一緒に彼女が行きそうな場所を見て回ったが、夜中になっても見つからなかった。

昼食以降は何も食べていなかったので、Oさんは大層腹が減っていた。コンビニで弁当を買い、前橋市のやや郊外にある大きな古墳へ行って食べることにした。ここは古墳の周りが広い公園になっている。

車から降りると、月が出ていた。前方後方墳としては全国でも上位に入る大きさを持つこの古墳は、雑木林に覆われ、小山を二つ並べたような形をしている。駐車場の近くに野球のグラウンドと公衆トイレがあり、一画には遊具も設置されていた。現在は他の場所に移されたが、当時はそこに雲梯《うんてい》があった。奇矯なことを好むOさんとTは、雲梯の上に攀《よ》じ登ると、座って弁当を食べ始めた。

真正面に古墳のくびれた部分があって、小山の高さが少し低く、幅も狭くなっている。その手前に街灯が立っていた。雲梯から街灯までの距離は十メートルほど離れている。

「なあ、おい！　あれ、何だ？」

Tが古墳のあるほうを指差す。

Oさんがそちらに目を向けると、緩やかな斜面に月光が差していて、大きな切り株が見えた。その上に、黒い布のようなものが浮かんでいて、ひらひらと揺れ動いている。

「あれか？　カーテン……みてえだな」

「切り株なんかに、どうやってカーテンを掛けてるんだろう？」

「さあ？　そういやあ、不思議だいな」

Oさんが目を凝らすと、隣に大きな木が生えている。たぶん、その枝葉の陰影だろう、という話になった。気にせずに弁当を食べ続けていると——。

「あれ、人間じゃねんかい《じゃないか》⁉」

Tがまた切り株のほうを指差しながら、大声で言う。

Oさんが再びそちらに視線を向けると、確かに今度は切り株に乗った黒い人影がゆらゆらと揺れ動いていた。暗くて人相や服装などは判然としないが、長身でがっちりした体型から男のようである。頻りと左右に揺れ動いていた。

（人だとしたら、変な奴だな）

Oさんが不審に思い始めると、黒い人影は横へ滑るように動いて、切り株から地面に降りてきた。相変わらず身体を左右に揺らしながら、斜め横に移動してくる。足音も立てずに古墳の斜面を下ってきたかと思うと、街灯の真下に立った。

その姿が鮮明に浮かび上がる。真っ黒な人の形をしたシルエットが、首を支点にして、胴体を左右に揺らしていた。両足が宙に浮いている。両腕は垂らしたまま、まるきり動かしていなかった。

「何だ、あれはっ⁉」

OさんとTが同時に同じことを叫んだ、その途端――。

真っ黒な人影が一瞬にして、間近まで移動してきた。

Oさん曰く、さながら〈ピンチアウト〉のようだったという。ピンチアウトとは、スマートフォンなどの画面に二本の指を当てて押し広げ、画像を一気に拡大させることだ。

真っ黒な人影は、Oさんたちから一・五メートルほどしか離れていない空中に浮かんでいた。目鼻も口もない、つるりとした真っ黒な頭部が、雲梯の上にいるOさんたちの顔とほぼ同じ高さにある。

その首がするすると伸びてきた。たちまち身長は二メートルを超え、首の長さが五十センチほどに達して、人影はOさんたちを見下ろしてきた。依然として首から下を左右に揺れ動かしている。

「うわあああっ！」

OさんとTは仰《の》け反って弁当を落とし、自分たちも雲梯から転げ落ちた。二人とも駐車場まで全力疾走して、車に乗り込むと、必死に逃げ帰った。

あとで気づいたことだが、二人とも雲梯から転げ落ちた際に手首や足首を捻挫していた。それでも、当初は痛みを感じなかったほど、死に物狂いの状態だったという。

Oさんはのちに知人から、こんな話を耳にした。

この古墳では過去に首吊り自殺が何件も起きていて、例の切り株はどういうわけか、自殺者が決まって首を吊る木だったので、伐採されたらしい。

※

人間の姿をしていて首が伸びるモノや、首が異様なまでに長い人影の目撃談はこれ以外にも寄せられたことがあり、拙著『怪談標本箱　雨鬼』の「四月の老婆、他」と「山奥にいたもの」でも取り上げている。Oさんもそうだが、目撃者は決まって、

「首吊り自殺した人の霊だと思います」

と、言うのだが、実際には首吊り自殺を遂げた遺体の首は、そこまで長くは伸びない。遺体が長いこと放置されて筋肉が腐敗すると、一時的に少し伸びることはあっても、胴体の重みに頸骨《けいこつ》が耐え切れずに外れてしまい、首が切断されるほうが早いからである。にも拘らず、群馬県内において、首が伸びるモノの目撃談が複数報告されていることは不思議で、興味深い。

ちなみに、Tの彼女はそれきり失踪してしまい、未《いま》だに行方不明である。

というのは嘘で、その夜のうちに何食わぬ顔で帰ってきて、Tと大喧嘩を始めたので、Oさんは呆れ返ったそうだ。

高崎の古墳と銀杏《いちょう》の木

高崎市の郊外に大きな前方後円墳があり、四十代の男性Aさんはその近くで生まれ育った。子供の頃にはよく友達と古墳へ遊びに行ったという。その辺りは平地で、小高い土地が珍しく、木立がある場所も少なかったので、鬼ごっこをしたり、夏には蝉やバッタを捕ったりできる良い遊び場になっていた。

Aさんが小学五年生の冬のこと。彼は近所に住む同い年のU君や、その妹で二つ年下のIちゃんと、古墳へ遊びに行った。冬のことで虫捕りはできず、鬼ごっこをしても人数が少ないので、じきに飽きてしまった。

そこで石投げゲームをやることにした。ルールは古墳の斜面上に生えている桜の木に向かって小石を投げ、幹に当てた者を勝ちとする。Iちゃんは非力なので古墳のすぐ下から、AさんとU君は五メートルほど古墳から離れて、Iちゃん、U君、Aさんの順番に石を投げた。

結果は三人とも外れて、石は枯れ草の上に落ちた。

ところが、次の瞬間、誰もいない古墳から、石が投げ返されてきた。第一の石がAさんの足元に落下して跳ね返る。Aさんは咄嗟に横へ動き、それを躱《かわ》した。

第二の石がU君に向かって飛んできた。U君は避《よ》けることができず、肩に石を受けて、「いてっ！」と叫んだ。

第三の石はIちゃんの腹の真ん中にまともに命中した。Iちゃんは「きゃあ！」と悲鳴を上げて泣き出してしまう。

Aさんは古墳の上のほうまで見回したが、誰もいなかった。冬のことで下草が茂っているわけではなく、人がいれば子供でもわかる状況だったという。

それ以上、石が飛んでくることはなかった。飛んできた石が、Aさんたちが投げた石と同じものだったのか、否かはわからない。AさんとU君は、泣きじゃくっているIちゃんを宥《なだ》め、手を引きながら家に連れて帰った。

この日はU君たちの家の前で解散したが、Iちゃんの怪我は軽傷で済んだ。むしろ、石をぶつけられたことへの驚きや恐怖心が大きかったようである。

それからひと月ほどして、Aさんは年の近い子供たちと別の場所へ遊びに行った。そこは神社の境内で、銀杏の巨木が生えている。現在は木を保護するため、周りにロープが張られて根元に近づくことが禁じられているが、当時はロープが張られておらず、木に登って遊ぶ子供が多かった。

その日は大勢の子供がいて、U君とIちゃんも一緒であった。

「木登りするべえや」

子供の誰かが言った。

Aさんたちは銀杏の根元に立って、樹上を見上げてみた。幹が幾つもの叉に分かれており、無数の枝が複雑に伸び出て、登りやすい樹形になっている。座って休める枝もあった。春はまだ遠く、枝は葉をつけていない。

樹上に登っている者は誰もいなかった。

「ようし！」

Aさんが真っ先に登ろうとすると、樹上から小石が降ってきた。それは顔面に向かってきたが、間一髪で後退して避けることができた。

と、続いて第二の石が、その後方にいたU君のほうへ降ってきた。だが、これは当たらなかった。

さらにU君の隣に立っていたIちゃん目がけて、第三の石が降ってきた。Iちゃんは躱すことができず、またしても腹の真ん中に石を食らってしまう。Iちゃんは泣き出してしまい、木登りは中止にせざるを得なかった。

子供たちは何者の仕業かと、眉を曇らせながら樹上を見上げたが、誰もいなかった。また、上から落ちてきた石がＩちゃんの頭や肩ではなく、腹に命中したのは不可解なことであった。Ｉちゃんは痩せていて、腹が突き出ていたわけではなかったのである。

その日からひと月ほどして、Ｕ君は学校で跳び箱を跳んだ際に転倒し、肩の骨を折ってしまった。折れたのは、古墳で小石を受けた左肩であった。

加えておよそ半年後、Ｉちゃんが体調を崩すようになり、腹部に小児癌を患っていることが判明した。それまでは西洋人形を思わせる、色白の愛らしい少女だったが、昔の日本画に描かれた幽霊のように痩せ細ってしまった。開腹手術を受けたときには既に癌が身体中に転移していて、数ヶ月の闘病生活を送ったものの、助からなかった。

古墳に小石を投げた三人のうち、二度にわたって腹に被弾したＩちゃんだけが早世した。古墳で肩に一度被弾したＵ君は骨折こそしたが、その後は無事に暮らしているらしい。

Ａさんだけが大きな病気や怪我をすることもなく成長して、現在に至っている。二人の受難を間近で見てきた彼は、次は俺の番かもしれない、と怯えた時期もあったそうで、

（あのとき石を躱せなかったら、俺も危なかった。あんな遊び、しなきゃ良かったんだ）

と、今でも思い出す度に苦い気分になるという。

軍事都市の陰

高崎市の中心街は、安土桃山時代の終わりに井伊《いい》直政《なおまさ》が高崎城を築き、高崎藩ができて都市化が進んだが、それ以前の地名は〈和田〉と呼ばれ、人口も少なかった。したがって、高崎市の歴史を語る上で高崎城の存在を外すことはできない。明治維新後、城は取り壊されて陸軍歩兵第十五連隊などの駐屯地へと変わり、昭和の終戦まで高崎は軍事都市となった。

さて、私、戸神の両親は養子の夫婦であった。母方の真の祖母が早世し、真の祖父が再婚することになったとき、母は祖父の妹、つまり私から見ると大叔母夫婦に養女として引き取られた。そこへ父が婿養子に入ったのである。軍人だった真の祖父は、私が子供の頃にはよく我が家を訪れていたが、生きている間は大伯父と聞かされていたので、死に際に真実を知らされたときには驚いたものだ。

その真の祖父から、幼い頃に聞いた話がある。

現在の高崎城址には浅くて幅の狭い外堀しかないが、かつては二重の内堀があり、本丸を囲む堀は幅二十四メートル、深さ八メートルもあって、有事の際には防御用として機能するものであった。その昔、堀から夜な夜な正体不明の大声が聞こえてきて、「お化けが出る」

と騒ぎになった。怖がる者もいたが、剛毅な兵士が声の主を突き止め、捕獲した。その正体はウシガエル（食用蛙）だったので、兵士はそれを自ら調理して食べてしまったという。

残念ながら、内堀か外堀か、正確な場所は聞きそびれた。アメリカからの帰化動物であるウシガエルの鳴き声は、昔の日本人に〈お化け〉を連想させたらしい。ちなみにウシガエルが初めて日本に入ってきたのは、一九一八年（大正七年）とされている。そうだとすると、この話は大正時代の後半から昭和の戦中までのことと推察できる。

終戦後、駐屯地は市役所や保健所、国立病院（現在の高崎総合医療センター）などの官庁街へと変わった。群馬音楽センターや市立の第二中学校と第三中学校も造られた。二つの中学校はかなり以前に併合されて場所も北寄りに移され、高松中学校と名を変えている。現存していないので書いてしまうが、第二中学校時代の卒業生の中には、

「夕方、部活から帰るときに、暗い校舎の窓際に軍服を着た男の人が立っているのを見たことがあるんです。ドアや窓に全部鍵が掛けられて、誰も入れないときのことでした」

と、証言する女性もいる。

ここからは「寒い講演」に登場したYさんの体験談を紹介したい。彼女は高崎市郊外から官庁街にある職場へ電車と徒歩で通勤している。

二〇〇六年、秋のこと。友人が出産したので、Yさんは仕事を終えてから、入院先の産婦人科病院へ見舞いに行った。Yさんは見舞いを終えると、病院を出てJR高崎駅まで歩くことにした。その道筋は熟知している。まだ日没前のことで空は明るかった。

ところが、歩くうちに異変を感じた。本来なら十分余りで駅に着くはずなのだが、この日は幾ら歩いてもなかなか着かない。病院を出てから二十分が過ぎ、三十分近く経って、すっかり日が暮れてしまった。道をまちがえたわけではない。知った道を歩いているのに、なぜか同じ景色が繰り返し現れて、行けども行けども高崎駅が見えてこないのである。

(変だなぁ。どうしちゃったのかしら……?)

焦りながら歩いていると、十字路の青信号が点滅している。慌てて渡れば、見覚えのあるビルの前に出た。高崎駅西口から少し離れた場所に建つビルであった。どうしてこんな所に来たのか、と不可解に思いつつ、方向転換して高崎駅へ向かう。やっと駅の西口に到着した。

数日後、Yさんは職場で女性の同僚に、このできごとを話してみたという。

「まあず《ほんとに》、狐に抓《つま》まれたみたかった《みたいだった》んよう」

「そりゃあ、狐じゃないよ。きっと、河童の仕業よ」

「河童ぁ……?」

その同僚も電車と徒歩で通勤しているのだが、同じように職場から高崎駅へ向かうつもりが例のビルの前まで行ってしまったことがあるそうだ。数年前の晩秋、残業をした彼女は一人で高崎駅西口へ向かって夜道を歩いていた。長い一本道が駅まで続いている。だが、どういうわけか途中で急に記憶がなくなって、我に返ると、例のビルの前に立っていた。

カッカッカッカッ……。

アマガエルの鳴き声に似た音が聞こえてくる。けれども、野生の蛙は冬眠に入った時季なので、不審に思っていると――。

近くの空中に突然、奇妙な顔が現れた。ビルの窓から漏れる灯りが、緑色の肌や大きな丸い目、尖った嘴《くちばし》を浮き彫りにする。頭の皿は確認できなかったが、一目で河童とわかる風貌であった。それが一メートルほど上からこちらを見下ろしていたので、同僚は貧血を起こさんばかりに驚いて逃げ出した。走りながら振り返ると、河童の顔は消えていたそうである。

「こんな話、誰も信じてくんないだろうと思って、今まで黙ってたんさぁ」

同僚はようやく話せる相手が見つかってうれしかったのか、目を輝かせていた。

現在の高崎駅周辺は、市内で最も栄えている地域だが、明治時代までは田畑が広がる農村であった。河童の出現は、その名残かもしれない。ただし、目撃情報はこの一件のみである。

Yさんは高崎市郊外を流れる井野川の近くで生まれ育った。彼女は中学生の頃、夜間にエレクトーン教室へ通っていた。自転車に乗って必ず通る井野川近くの細い道沿いに、松の大木が生えた小さな墓地があり、隣にコンクリート製の倉庫があった。Yさんには、そこだけ空気が湿っているように感じられたという。急に寒気が背中を駆け抜けることもあった。

（いつ通っても気持ち悪い。嫌な場所ね……）

常に急いでそこを通過するようにしていたのだが……。

満月の夜、Yさんが帰宅する途中のことである。

月光が冴え渡って、夜道を昼間のように明るく照らしていた。松の大木の下に男が一人立っている。映画やドラマで見たことのある軍服らしき衣服を着て、軍帽を被っていた。

（あらヤダ、変な人がいる！）

Yさんは速やかにそこを通り抜けようとした。だが、その前に軍服姿の男は宙に浮かび上がり、松の枝の上に立ったかと思うと、一瞬のちには姿を消してしまった。

ひどく狼狽したYさんは、自転車のペダルを懸命に漕いで自宅へ逃げ帰った。家族に事情を伝えると、母親が「ああ、あそこはね……」と、こんな話をしたそうだ。

高崎城址が陸軍歩兵第十五連隊などの駐屯地であったことは既に述べた。戦前戦中は現代と違って、男子たるものは出征し、日本のために戦うことが必須とされていた。とはいえ、徴集された兵士の中には戦場へ行きたくない者も少なからず存在した。ましてや軍隊では、上官からの暴力も日常茶飯事である。我慢できずに脱走する若い兵士が多かったらしい。

山村出身の脱走兵たちは、故郷を目指して赤城山や榛名山、子持山などの遠景が望めるこの地まで逃げてきたが、当時は井野川に橋が架かっていなかったので渡河できず、追っ手に捕まってしまった。そして即座に銃殺されたのが、件《くだん》の場所なのだという。

Yさんは、そこを通るのがますます嫌になってしまったそうだ。

ただし、今回、銃殺がそこで行われたとされる記録は見つけることができなかった。戦地で敵前逃亡した兵士が銃殺されることは多かったといわれているが、戦地にならなかった日本本土では、捕縛されても禁固による罰を与えられる程度で済んだものと思われる。

その代わり、激戦地へ送り込まれたのではないだろうか。第二次世界大戦では陸軍歩兵第十五連隊のうち、第二大隊、第三大隊がパラオ諸島のペリリュー島で全滅している。脱走歴のある兵士たちも、最前線に駆り出されて戦死したことであろう。彼らが追っ手に捕まったとき、無念の思いで故郷の雄大な山々を見上げたのが、件の場所だったのかもしれない。

書物などからは窺い知ることができない、軍事都市高崎の裏話である。

参考文献　『帝国陸軍 高崎連隊の近代史下巻』前澤哲也 著（雄山閣）

五月の東雲《しののめ》

五月の朝のしののめ　うら若草のもえいづる心まかせに。

「旅上」　萩原朔太郎

　男性Ｊさんは十九歳の頃、高崎市郊外の団地に住んでいた。家族と一緒に集合住宅の六階で暮らしていたのだが、隣に建つ棟の八階から小学生の少女が落下して死亡したことがあり、自殺か事故か、はっきりしなかったという。

　それからひと月ほど経った、五月のこと。Ｊさんは自室の窓ガラスを開け、網戸だけを閉めた状態でベッドに入って眠っていた。

　どれほど時間が経ったか、ふと寝苦しさを感じて目が覚めた。瞼を開けると、部屋の中がわずかに明るい。初夏の東雲が訪れたようである。何げなく寝返りを打とうとすると、身体が動かなかった。

　右手にある窓のほうから物音が聞こえてくる。仰向けに寝ていたＪさんは、横目で窓のほうを見ようとしたが、まだ外が薄暗いこともあって、物音の原因は目視できなかった。

ズッ、ズリッ、ズッ、ズリッ……。

何かを引き摺るような物音がしている。ちらりと、黒いものが窓から室内に入ってくるのが見えた気がした。まもなく物音が大きくなり、耳障りになってきた。Ｊさんは子供の頃からよく不思議な体験をしてきたが、怪異を科学的に検証するテレビ番組を観て、その大半が夢や錯覚であることを知っていたので、これも怪奇現象だとは思えなかった。

しかし、やがて薄暗い室内でも、ベッドの下から何かが這い上がってくるのが確認できた。掛け布団の上を這って、Ｊさんの胸の上までやってくる。

（こりゃあ錯覚じゃないな。とうとう本物が来やがった！）

よく見れば、それは人間のものと思しき、真っ黒な髪の毛であった。パーマを掛けたように波打った、長い黒髪の塊が蠢《うごめ》いている。その意図はわからないが、何らかの危害を加えようとしているように感じられた。

Ｊさんは右手に神経を集中させた。何とかこれを動かしたい。

まず、指が一本ずつ動かせるようになった。黒髪が貪婪《どんらん》な蛸のように這いながら、Ｊさんの喉から顎へと迫ってくる。鼻や口を塞がれたら、堪ったものではない。

その前に右腕全体が動かせるようになった。Ｊさんは掛け布団から右腕を出して、黒髪の塊を勢いよく払いのけた。それが刺激となったのか、身体全体が動かせるようになる。

Ｊさんは上体を起こすと、黒髪の塊を左手で掴み、右の拳で何度も殴りつけた。肉眼に映っているのは髪の毛だけなのに、人間の頭を叩いているような手応えがあったそうだ。

Ｊさんは、血気盛んに十発以上も殴り続けた。

そのうちに黒髪は陸上で跳ねる魚のように暴れ始めた。Ｊさんが驚いて左手を離すと、ずるりずるりと這って後退し、ベッドの下へ逃げ込んだ。それきり襲ってくることは二度となかったという。

（やった！　追っ払ってやったぞ！）

Ｊさんは電灯を点けて室内を調べてみた。慎重にベッドの下を覗き込むと、蛸や魚のように動き回る黒髪の塊はいなくなっていた。だが、床に長い髪の毛が沢山散らばっている。手に取ってみると、どれも漆黒で長さが一メートル近くもあった。窓枠やその下の床にも大量の長い髪の毛が落ちている。そして閉めてあった網戸が五センチほど開いていた。

（やっぱり、夢じゃなかったんだ）

と、Ｊさんは確信した。

当時の彼は頭髪を五分刈りにしていた。家族も父親は短髪、母親や妹はショートカットで、長髪の者はいなかった。

「とにかく、やっつけてやったぞ。ざまあみやがれ！」

Ｊさんは興奮して独り言を叫んだ。爽やかな東雲の空に向かって、勝鬨《かちどき》を上げたつもりでいた。髪の毛はすべて拾ってビニール袋に詰め、口を縛ってゴミの収集日に出すことにしたが、それまで三日もあるので室内には置く気にならず、家族に事情を話してベランダに置いていた。

ところが、その翌朝。同じ集合住宅の七階から住人が落下する騒ぎが起きた。

休日で自宅にいたＪさんは様子を見に行った。落下したのは初老の男性であった。救急車で病院へ搬送されるため、ストレッチャーに乗せられた男性の鼻や口の周りには、大量の長い黒髪が絡みついていた。

「うわ……」

Ｊさんは悲鳴を上げかけて絶句した。黒髪は救急隊員によって剥ぎ取られ、地面に落ちると、そこへ強い風が吹いてきて四散し、消し飛ばされた。あとでわかったことだが、男性は事故か自殺か不明のまま、病院で死亡が確認されたという。

衝撃を受けて自宅へ引き揚げたＪさんは、ベランダに置いていた髪の毛がどうなったのか、気になった。様子を見に行くと、ビニール袋は残っていたものの、縛った口が解《ほど》かれていて、髪の毛は一本残らずなくなっていたそうである。

ＳＬが来る家

旧多野郡吉井町は二つの丘陵に挟まれた鏑川《かぶらがわ》沿いの小さな町で、平成の大合併で高崎市に吸収された。だが、その歴史は古く、今から一三一〇年前には〈多胡郡《たご》〉が造られており、それを記した〈多胡碑《たごひ》〉も現存している。この石碑には〈羊に支配を任せる〉と文字が刻まれていることから、〈羊〉の名を持つ郡長官がいたものと推察され、群馬県と奈良県を毎日往復する人物〈羊太夫〉の伝説が生まれた。

羊太夫は権田栗毛という愛馬に乗って毎朝、多胡にある自邸を出発し、大和国にある朝廷に出仕して、夕方には自邸まで帰ることができた。彼の従者である八束小脛《やつかのこはぎ》は自力で走って供をしたといい、馬も従者も新幹線を遥かに超える速度で走っていたことになる。

ところが、八束小脛の脇の下には鳥の羽根が生えており、それを羊太夫が「何だ、これは？」とうっかり引き抜いてしまったことから、どちらも俊足の能力を失って、朝廷への出仕が叶わなくなった。すると朝廷から謀反の疑いをかけられて攻撃され、羊太夫は一族もろとも滅ぼされてしまったという。

また、多胡碑は、同じ高崎市の山名町《やまなまち》にある山上碑《やまのうえひ》、根小屋町《ねごやまち》にある金井沢碑《かないざわひ》とともに

〈上野三碑《こうずけさんぴ》〉として、ユネスコの「世界の記憶」に登録されている。

女性Yさん（前述のYさんとは別人）は、以前にその多胡碑がある吉井町に住んでいた。

ある夜、彼女が実家の二階にある自室で眠っていると、真夜中にふと目が覚めた。

ブオオオオッ……。シュウウウウッ……。フオオオオオッ……。

ボオオオオオオッ！　ゴオオオオオオッ！　ボオオオオオオッ！

外から轟音が聞こえてくる。この夜の天気は穏やかであった。暴風雨の音ではない。

（まさか、SLが来た⁉）

そう思ったほど、蒸気機関車（SL）が蒸気を噴く音と似ていたという。

確かに、JR高崎駅は観光用の蒸気機関車が発着する。しかし、吉井町には私鉄の上信電鉄が通っているだけで、蒸気機関車は運行していない。その上、終電後のことである。

Yさんは驚いて自室の窓を開けた。ベランダへ出てみると――。

目の前の空中で何か巨大なものが動いていた。空気が激しく動揺し、風圧を全身に浴びる。窓ガラスが音を立てながら揺れ始める。轟音が響き続けていた。

透明なのだが、恐ろしいまでに大きく、長いものが移動しているようであった。目を凝らすと、夜の闇に白い絵の具で点線を描いたように、鱗らしきものが見え隠れしている。

（龍だ！）

透明な龍の身体は蜿々《えんえん》と続いていて、通過し終えるまでには三十秒ほどかかった。十五両ほどの蒸気機関車が目の前を移動していったように感じられたという。

Ｙさんは実家のベランダから、ケサランパサランに似た純白の丸い毛玉も、よく目にしてきた。ただし、それは直径一メートル近くもある巨大なものであった。豊かな毛に隠されているのか、目鼻や口は見えない。いつも西の方角から現れ、東の方角へ音も立てずに空中を移動して消えてゆく。何をするわけでもなく、何のために現れるのかもわからなかった。

小学生の頃、家に遊びに来た友達も見たといい、翌日になって、

「昨日、Ｙちゃん家《ち》で、毛だらけの白い玉を見たんだけどさぁ、あれ、何なん？」

と、訊かれて返答に窮したことがあったそうだ。

Ｙさんの祖父が亡くなり、一周忌を行ったときのこと。家の近くに菩提寺があり、その裏手には子供の頃によく遊んだ竹藪がある。

法事は滞りなく行われた。同じ日の夜、Ｙさんはこんな夢を見た。

人は誰も出てこないが、菩提寺の本堂や墓地が見える。境内には立派な鐘楼と鐘がある。だが、実際の菩提寺には鐘楼も鐘もないのだ。それから視点が境内の裏手へと移動してゆく。本来そこには竹藪が広がっているだけなのだが、夢の中では渡り廊下があり、幅一尺余りの小川が流れている。廊下を下りて小川を越えると、石畳が続いていて、十メールほど先に極彩色の彫り物が施された門が立っていた。

（ああ、お祖父ちゃん、あの門を潜ってきたんだな。あれを目印にして帰ってきたのね）

と、悟ったところで目が覚めた。

その朝、家族に夢の内容を話したところ、妹が「そういえば……」と言い出した。

「昨日の朝、お寺の鐘が鳴ってたいね。初めて聞いたんよう。法事の日に鳴らすもんなの？」

「いやいや、そんなことないよ。だって、あのお寺には鐘がないんだもん」

妹によれば、菩提寺のほうから、ゴーン、ゴーン……と二回、鐘が鳴る音が聞こえた、朝といっても確かに覚醒していたので、絶対に夢ではなかったそうだ。前日はYさんも早朝から起きていたが、鐘の音は聞こえなかったという。

参考文献　『上野三碑』松田猛 著（みやま文庫）
『上野三碑を読む』熊倉浩靖 著（雄山閣）

上毛妖怪譚

鎌

高崎駅西口近くで居酒屋Sを経営しているN子さんから伺った話である。N子さんはこの話を幼馴染みから聞いたという。

幼馴染みの父親Dさんが青年だった頃、西毛の安中市《あんなかし》でのこと。

Dさんが日中、スーパーカブに乗って川沿いの土手の上に造られた道をゆっくり走っていると、草の茂みから唐突に茶色の獣が飛び出してきた。それは胴が長くてイタチに似ていたものの、身体がひと回り以上も大きかった。また、イタチは短足だが、その獣は前足が猿のそれのように長く、肘から先が鎌になっていた。

(何だ、あの動物は!?)

Dさんはスーパーカブの速度を落として注視した。

獣は後ろ足で立ち上がると、半身の姿勢を取り、左右の前足を×の形を描くように交差させた。さらに片方の前足を頭上まで上げ、鎌を裏返しにして刃を天に向けた。手を額に翳《かざ》してものを見る動作を『イタチの目陰《まかげ》』というが、まさにそれに近い仕草だったといえる。獣の小さな双眼は終始、Dさんに注がれていた。

（変なものに遭っちまった！）

Dさんは咄嗟に、狐に抓《つま》まれそうになったときに防ぐ方法を思い出した。左手の指を口に当て、唾をつけてから両眉にさっと触れる。獣の横を通過すると、スーパーカブの速度を上げて急いで逃げた。それが功を奏したのか、獣が襲ってくることはなかった。

帰宅してから老父に訊いたところ、

「それは鎌鼬《かまいたち》だ」

と、老父は答えてから、『安中の鎌鼬は突風を起こして斬りつけてくるだけでなく、狐と一緒で人間の眉毛の本数を数える。数え終わると化かされるので、その前に眉毛に唾をつけて防ぐこと』と教えてくれたそうである。

狐

渋川市に住む三十代の男性Uさんの自宅は、庭に祠があり、稲荷を祀《まつ》っていた。Uさんや家に遊びに来た友達は、真っ白な狐が庭を走り回る姿を見ることがよくあったという。

祖父母が亡くなると、両親は稲荷を祀ることが面倒になったのか、魂抜きをして、ある神社に引き取ってもらった。それから狐の姿を見かけなくなったが、この家ではUさんが成人してからも奇妙な現象がよく起きている。

二〇一五年のこと。

Uさんが夜中に一階のトイレへ行って用を足し、出てくると、廊下に大きな白い靄《もや》が浮かんでいて、いきなり包み込まれてしまった。Uさんは慌てて走り、階段を駆け上がって二階の自室へ逃げ込んだ。白い靄が追いかけてくることはなかったが、俄《にわか》に寒気がして気分が悪くなってきた。高熱が出て、一睡もできなかったという。

長い夜が明けて朝になると、高熱で足元がふらつきながらも、近所の小さな病院へ向かった。待合室で体温を測ったところ、三十九度を超えている。

「Uさぁん！　お入り下さぁい！」

整った顔立ちをした若い女性看護師に名前を呼ばれ、診察室に入る。医師は中年の男性で、椅子に座るように指示された。

Uさんが座ろうとした途端、その椅子が独りでに勢いよく動き出した。壁に激突するかと思われたが、わずかに手前で静止する。そこから独りでに戻ってきて、Uさんの前で止まる。

女性看護師が血相を変えて甲高い悲鳴を上げ、診察室から逃げ出した。

Uさんは、その椅子に恐る恐る腰を下ろした。医師が体温計を手渡して指示を出す。

「熱を測ってみて下さい」

「さっき、待合室で測りましたが……」

「もう一度、測ってみて下さい」

言われた通りにすると、体温計は三十六度ちょうどの平熱を示している。不思議と身体は軽く、気分も良くなっていた。

「本当に熱があったんですよ」

「……でも、これなら大丈夫だからね。診察代はいらないから、お帰り下さい」

「そんなに短時間で、熱って下がるんですか？」

「……私にも、わかりません。極めて珍しいケースだとは、思います」

早く帰ってくれ、と言わんばかりの医師の態度に、Uさんは渋々診察室を出た。その間に女性看護師はどこへ行ったのか、診察室には戻ってこなかった。

車

二十代の女性Aさんが、以前に働いていた高崎市内の特別養護老人ホームで体験したできごとである。

深夜に彼女が夜勤をしていたところ、不意にキイ、キイ、キイ、キイ……という音が聞こえてきた。そちらを見ると、広い室内を誰も乗っていない車椅子が移動してゆく。それは最奥にある個室の前まで進むと、一旦停止して横を向いた。その個室の扉が開き、車椅子が中に入ってゆく。

（えっ？　そんなことが……？）

ここには一人で動ける入所者はいない。Aさんは我が目を疑ったほど驚いたが、放っておくわけにもいかず、恐る恐る様子を見に行くと、個室の中は暗くて入所者は眠っており、車椅子はどこにもなかった。

しかも、それまで元気だったその部屋の入所者が、急に体調を崩して数日後に亡くなってしまった。

別の日には他の職員たちも、無人の車椅子が真夜中の室内を移動する光景を目撃している。同じように入所者の個室に入ってゆき、行ってみると、どこにも車椅子はない。

そして決まって、その個室の入所者が近いうちに亡くなったという。

床

昔、高崎市在住の女性Gさんが体験したできごとだ。群馬県内の某大学は、ある教室の前で廊下が丁字に交差している。交差する部分の角には、一対のドアが取り付けられている。学生だったGさんたちが、教室への出入りでドアの前を通り過ぎようとすると、腰から下に粘り気のあるものが絡みついてくることが頻繁にあった。そこだけ空気が重く、ゼリー状の物体があるように感じられる。それが縦二〇〇センチ、横一八〇センチ、高さ八〇センチほどの範囲だけに存在していた。

同級生の多くが同じ体験をしていたものの、何も感じない者もいたそうだ。中には科学的に解明してみようとした者もいたが、結局できなかったらしい。

「きっと昔の人は、こういう電磁場みたいなものを〈ぬりかべ〉って呼んだんだろうね」

と、Gさんは学友たちと語り合っていた。

そこを通過するときは、怖いとは思わず、不思議な感覚を楽しんでいたそうである。

だが、やがて老朽化していたコンクリートの床が改装されることになり、新たな塗料が塗られると、強い匂いが辺り一帯に立ち込めるようになった。その結果、〈ぬりかべ〉は匂いを嫌っていなくなったのか、この現象は起こらなくなってしまった。

Ｇさんは些か残念に思い、寂しい気がしたそうだ。

袴

二〇一九年の夏。四十代の男性Ｋさんは、藤岡市にある某神社へスマートフォンを使ったゲームをしに行った。ゲームの中では、その神社に大物の怪物が出現する設定になっている。ただし、神社側は迷惑をしているようで、ゲーム目的による駐車を禁じていた。そこでＫさんは駐車場の出入り口近くに車を駐《と》め、早めに帰るつもりでゲームを始めた。他にもう一台、少し離れた場所に車が駐まっているだけで、駐車場は空いている。

午後七時過ぎ、Ｋさんは怪物を倒して、スマートフォンの画面から顔を上げた。車外は薄暗くなってきている。この駐車場の奥のほうに大きな石が祀られているのだが、Ｋさんはその前に異様なモノが立っていることに気づいた。

それは身長が優に三メートルはあろうかという黒い影であった。人の姿をしているようだが、足の形が見えない。ロングスカートか、もしくは袴でも穿いているかのような影である。

俯いて両腕を動かしながら、少しずつ左右や前方へ移動している。地面を箒《ほうき》で掃いているような動きだが、箒は見えない。うろうろしながら、少しずつこちらに近づいてくる。

上半身も和服を着たような形をしていて、頭髪の有無はわからず、顔と思しき部分に目鼻や口は見当たらないが、丸くて真ん中に縦一文字の筋があり、それと交差する横の筋が何本か入っていた。剣道の面でも被っているように見える。

Kさんは怖くなって、早々に車を発進させた。出口から左右を確認して、道路へ出ようとした、その瞬間であった。ちらりとバックミラーを覗くと、いつしか車の真後ろに黒い人影が接近してきていた。

「おわあっ！」

何しろ身長が三メートルもありそうな、得体の知れない相手である。Kさんは大慌てで駐車場から逃げ出した。

アクセルを強く踏み過ぎて、危うく道路脇の民家の壁に突っ込みそうになったが、何とかハンドルを切って回避することができた。夢中で速度を上げてバックミラーを覗くと、黒い人影はいなくなっていたという。

光

榛名山の東南麓に当たる北群馬郡榛東村《きたぐんまぐんしんとうむら》は、卯三郎こけしや葡萄《ぶどう》の生産が盛んでワイナリーがあり、相馬原《そうまがはら》自衛隊駐屯地が存在する。

その榛東村の山の中に舗装されていない一本道がある。草が生い茂って荒れた雰囲気の上り坂だ。奥へ進むと、小さな貯水池がある。一見冴えない場所だが、高台なので夜景がとても美しく、高崎や前橋の街明かりを一望にできる。

（あそこなら、ほかに来る奴もいねえだろう）

二十代の男性Bさんは、交際している若い女性を車に乗せて連れていった。貯水池の横に車を駐めて降り、夜景を眺める。

Bさんは煙草を一切吸わないが、彼女は愛煙家である。しばらく夜景を楽しむと、彼女は気を使って少し離れた場所へ行き、煙草に火を点けた。

この貯水池は岸辺をコンクリートで固められており、転落を防ぐための柵が張り巡らされている。Bさんは柵の向こうに何となく視線を向けた。真っ暗で水面は見えない。

ところが、暗闇が忽然と、白く光った。水面付近に球状の光が出現したのである。

今、ここには光源となるものが何もない。五月のことで蛍が発生する時季にはまだ早いし、夜空は曇っていて月も星も出ていなかった。

（他の車のヘッドライトか？）

Bさんは一本道の下り坂に目をやったが、他の車が近づいてくる様子はなかった。

白い光は水面を緩々と移動して、こちらに近づいてくる。

（気持ち悪《わり》いな。何で選《よ》りに選《よ》って、こっちに来るんだよ？）

白い光は一旦、見えなくなった。岸辺に接近して死角に入ったらしい。

その直後であった。大きな水音が響いて、水飛沫が上がった。

真っ白な光を発するものが、コンクリートの護岸を這い上ってきて、姿を現した。人間らしい姿をしている。しかし、下半身が見えなかった。裸で俯せになっていて、上半身の大きさから成人と思われるが、性別や年齢まではわからない。

こちらに来ようというのか、両手だけを使って柵を攀じ登り始めた。やはり腰から下がない。光を放っている皮膚はぶよぶよと浮腫《むく》んでいて、頭髪は生えていなかった。

彼女が悲鳴を上げながら駆け寄ってくる。

「ねえ！　あれ、何!?」

「わかんねえ！　逃げるべ！」

あんなモノに捕まっては堪らない、とBさんは彼女の手を引いて車へ逃げ込み、ただちに発進させた。

それ以来、その貯水池には二度と近寄らないことにしている。Bさんも彼女も相手の顔を見たはずなのだが、どんな顔だったのか、どうしても思い出すことができないそうだ。

鑢《やすり》

「不法侵入になるんでしょうけど、もう時効だと思うので、お話ししますよ」

と、男性Wさんは苦笑いしながら語る。

かなり以前のこと。ある晩、Wさんが仲間四人と飲食していると、怪異が起こると噂される太田市の廃墟の話題が出た。「肝試しに行ってみるべえ」という話になり、その足で現場へ向かったため、誰も懐中電灯を持ってきていなかった。今日《こんにち》ではスマートフォンにライトが付いているが、当時はまだスマートフォンが出回っていなかったのである。

灯りになるものといえば、ライターの火しかない。Wさんをはじめとする喫煙者の三人だけがライターに着火して、廃墟に入ることにした。あとの二人は外で待機する。

だが、三人が屋内に足を踏み入れた途端、三つの火が同時に消えてしまった。

「あれ？　何だや？」

「俺のも消《け》えたぞ！」

「俺のもだ。おっかしいやいね。風も吹いてねぇんに……」

Wさんたちは不審に思いながらも、再び着火しようとした。けれども、今度は火を点けることすらできなかった。

三人ともフリント式と呼ばれる一般的なライターを使っていたのだが、これはフリント（火打ち石）に回転式の鑢《やすり》を擦り合わせて火を熾《おこ》すものである。その回転式の鑢が、いつの間にかなくなっていた。そんなことが同時に三本のライターに起きたのだ。

これでは真っ暗で何も見えず、とても先へは進めない。それに、つい先程まで存在していた鑢が、音もなく失われてしまったことが何よりも不気味に思えたという。

「やべえ！　早く出るべえや！」

「そうだに《そうだね》！　……ぐわっ！」

「あいたっ！」

逃げ出そうと踵《きびす》を返した仲間と、その後ろにいた仲間の、額と額がぶつかったのだ。

無事だったのはWさんだけで、あとの二人はどちらも額に大きな瘤《こぶ》ができてしまった。

それからは声をかけ合い、手探りで出口にたどり着いて、何とか脱出することができた。

なお、この廃墟はのちに取り壊されてしまったそうである。

店

三十年ほど前、群馬県某市の占いができる喫茶店でのことだという。

当時二十代だった女性Tさんは、仕事を終えてから女友達とその店へ行くことにした。「人気がある店で、よく当たる」との評判を聞いていたので、以前から行ってみたかったのだ。

その晩、店に入ってみると、誰もいなかった。灯りは点いていたが、声をかけても店員が出てこない。店内にはカウンター席とテーブル席がある。Tさんはテーブル席に友達と向き合って座り、様子を見ることにした。

そこへ店のドアが開いて、他の客が一組入ってきた。すると、奥から店員が出てきたので、Tさんはコーヒーを、友達は紅茶を注文した。

Tさんがコーヒーを飲みながら友達と話していると、七、八人の客が次々に入ってきた。

（やっぱり、流行ってるんだなぁ）

客たちは全員がカウンター席へと進み、円形の椅子に腰を下ろす。店内は満席になった。

「占い、してもらう？　どうする？」

元々、占いが目的だったのだが、これだけ混んでくると気が引ける。Tさんがどうしようかと考えながら、店員がいるカウンターのほうへ視線を向けると——。

カウンター席に座っていた客全員が、いつしかこちらを向いていた。男も女もいて、年齢や服装もまちまちである。ただ、共通していたのは、いずれも両足をそろえて膝の上に両手を乗せながら、こちらを凝視していたことだ。本来ならばカウンターの内側を向いているはずなのに、全員がTさんたちを見つめていた。おまけに、誰もが青白い顔をして眼光が鋭く、身体がやけに細長いように感じられた。

（嫌だなぁ！　何なの、この人たち？）

Tさんは首筋から背中にかけて寒気が走り、ぶるぶるっ、と身体が戦慄《わなな》く音が聞こえた気がした。とても占いを堪能できる雰囲気ではない。

「ごめんね。ここ、出てもいい？」

「うん」

友達も他の客たちを恐れたのか、速やかに立ち上がった。店員に声をかけて会計を済ませる。その間も振り返ってみると、全員の客がTさんたちを見つめていた。誰一人として視線を逸らさない。あまりにも不躾《ぶしつけ》で、どこか人間離れしているようにさえ思えてくる。

会計を済ませて店から逃げ出し、だいぶ離れてから、Tさんは言った。

「さっき、気持ち悪かったね！」

「そうだい《ょ》ねえ！」

「あの人たち、何だったんかねえ？」

「……あの人たち？　ええと、何の話？」

「ほら、あとから入ってきたお客が全員、私たちを見てたでしょう」

「えっ？　……ううん。あたしたちしか、店の中にはいなかったよう。あたしは座ってたら、なんか凄く嫌ぁな感じがしてきてさぁ、Tさんが『帰ろう』って言ってくれたから、『あ、助かった』って思ったんだいね」

友達は他の客の姿をまったく見ていなかったという。

「ええっ？　悪魔みたいな人たちが何人もいたんに《のに》！」

他の客たちが何者で、何のためにこちらを見ていたのか、未だにわからない。

その店には、二度と行けなかったという。

真夜中の変化球

現在四十代の男性Oさんは、二十代前半の頃に夜間清掃の仕事をしていた。群馬県南部から埼玉県北部まで、都合四十軒ほどの店舗を清掃してきた。その中で唯一、嫌だったのが、東毛の太田市以東（詳しい場所は非公開）にあった某書店だという。この店は書籍や雑誌のほかに、中古のＣＤやＤＶＤなども買い取って販売していた。

Oさんは同僚と二人で閉店後の午後十時から清掃を開始し、午前四時に終えて帰ることになっていた。

その夜、午前零時を過ぎた頃、Oさんはポリッシャーと呼ばれる用具を操作していた。これは両手でハンドルを持ち、スイッチを入れるとタンクから水が流れ出て、ブラシが回転し、床を洗浄するものである。Oさんはハンドルを握ったまま、ゆっくりと後方へ移動していた。同僚はドライワイパーと呼ばれるモップに似た用具で、床の汚水を掻き集めてゆく。

その作業中、Oさんは上半身がむず痒くなり、背筋に悪寒が蠢くのを感じた。ポリッシャーを停止させて振り返ると、男子トイレが見える。Oさんは初めてこの店で仕事をした夜から、絶えずそこが気になっていた。何かが〈出てくる〉わけではないし、換気をしていて空気が悪いわけでもないのだが、嫌な気配が漂ってくるのを感じていたという。

男子トイレの近くには、レーザーディスクの陳列棚があった。

レーザーディスクとは直径三十センチもある、ＣＤやＤＶＤを大きくしたような円盤形のビデオディスクのことだ。日本では一九八〇年代に登場したが、高価過ぎる、大き過ぎる、レンタルは禁止といった事情から、ＤＶＤが台頭すると製造する企業が減り、二〇〇〇年代後半には姿を消している。当時はまだ細々と販売されており、中古品も出回っていた。

そのレーザーディスクの陳列棚から、不意に一枚がケースごと落下した。そしてビニール袋に入っていたケースが独りでに飛び出し、ケースの蓋が開いたかと思うと、中に収められていた円盤形のディスクが宙に舞い上がった。

ディスクが横向きに回転しながら、Ｏさん目がけてまっすぐに飛んでくる。

「あっ！」

Ｏさんは咄嗟に頭を下げてそれを躱《かわ》した。空を切ったディスクが、同僚のほうへ飛んでゆく。同僚は気づくのが遅れて、それを肩に受けた。ディスクは跳ね返って縦向きに回転しながら、空中で角度を変えて、またこちらに向かってきた。

「な、何だっ⁉　何なんだっ⁉」

同僚が目を剥きながら叫ぶ。

ディスクが高さ二メートル余りの空中を飛来する。まさに〈空飛ぶ円盤〉だ。Oさんはポリッシャーのハンドルから手を離し、身を竦《すく》めながら横に動いて避《よ》けようとした。

ところが、ディスクは野球の変化球であるカーブのように曲がりながら落ちてきた。

帽子を被ったOさんの脳天に命中する。

「いてっ！」

バウンドしたディスクは一旦飛び去ったが、七、八メートル先で折り返してくると、今度は同僚に向かってきた。

「こ、こいつめ！」

同僚がドライワイパーを振り回して打ち落とそうとしたが、ディスクは変化球のフォークボールのようにストレートの軌道から鋭く落ちた。ドライワイパーが空振りして、勢い余った同僚は派手に転倒してしまう。

同僚が腰を打って悲鳴を上げると、ディスクは満足したかのように、カラーン！　と音を立てて床に落下した。それきり動かなくなったという。

Oさんは恐る恐るディスクを拾い上げ、ケースと袋に戻した。見たところ、海外のホラー映画である。もっとも、ホラーに興味がないOさんは、初めて目にしたタイトルで内容も知らなかった。今ではタイトルも忘れてしまい、思い出すことができないそうだ。

Oさんは会社に報告しようと考え、それを棚には戻さず、レジカウンターに置いた。しかし、彼は作業用の帽子を被っていたおかげで、頭に瘤や傷ができることはなかった。

時間が経つにつれて頭痛がしてきた。同僚も腰だけでなく、肩が痛む、と言い出した。

二人はそれから小一時間で清掃作業を終わらせた。通常ならば、もっと隅々まで綺麗にしなければならないのだが、相変わらず男子トイレのほうから、殺気を思わせる不穏な気配が漂ってくる。またディスクが飛んでくるのではないか、と思うと、気になって集中できなくなり、早退した。

その朝から二人とも高熱が出て、仕事を休むことになった。会社にはレーザーディスクの一件を電話で報告し、書店にも伝えてもらった。だが、会社からは、

「熱が下がったら、またあの店に行ってくれ。何とか我慢してくれ」

そう言われるばかりだったので、Oさんはそのまま仕事を辞めてしまった。続けていたら、次はディスクに首でも斬られそうな気がしたからだという。

なお、この店はのちに業績不振で閉店している。

太田の魔犬

太田市は鎌倉時代末期から南北朝時代にかけて活躍した武将、新田義貞《にったよしさだ》の出身地として知られている（正しくは吸収合併された旧新田郡地域）。また、戦国時代に新田一族の岩松家純《いわまついえずみ》が築いたとされる金山城跡《かなやまじょうあと》は、見事な石垣や石敷きが遺され、日本百名城の一つに選ばれている。

大正時代以降は中島知久平《なかじまちくへい》が中島飛行機を創業し、工業都市として発展したが、太平洋戦争で軍需工場を中心に激しい爆撃を受けたことから、中心街周辺には往時を偲ばせる町並みはあまり遺されていない。ただし、戦後に北関東最大の工業都市として復興している。

太田市内の工場で働く男性Sさんは、三十二歳のときに建売住宅を購入した。市街地にできた新興住宅地の庭付き一戸建てである。当初は妻と幼い息子、そしてチャコという茶色のプードル犬を室内で飼って暮らしていた。

その家に住み始めて二年が経った頃、チャコが毎日激しく吠えるようになった。この雌犬は、Sさん夫妻が結婚して借家住まいをしていた頃から飼っていて、おとなしい性格だったが、急に変貌してしまった。吠える時間はその日によって異なっている。

「こらっ、静かにしろっ！　うるさいぞっ！」

何度も叱ると、やっと静かになる。

「一体、どうしたっていうんだ？」

そのうちにSさんは気づいた。チャコはいつも幼稚園児の息子に向かって吠えている。つい先日までチャコは息子のことを弟のように思っていたらしく、優しく見守るように接していた。それが三日にあげず突然、牙を剥いて威嚇しながら吠え立てる。息子は怯えて泣き出すようになった。

チャコが吠えるようになって三ヶ月ほど経った頃、息子は体調を崩し、入院先の病院で呆気なく死去してしまった。死因は急性の白血病であった。

Sさんと妻がひどく落胆し、嘆き悲しんだことは書くまでもない。息子がいなくなるとチャコの態度は一変して、毎日、日が暮れた頃に悲しげな遠吠えを繰り返すようになった。

息子の死からひと月後。Sさんがチャコを散歩に連れ出すと、右二軒先の家の前で立ち止まって、頻りに吠え始めた。同じ建売住宅である。引き離すとおとなしくなるが、それから毎日同じことを繰り返すようになった。叱っても治まらないので、Sさんは散歩の道順を変え、そこを通らないようにしなければならなかった。

ところが、日ならずして、その家に住んでいた六十代後半のお婆さんが心筋梗塞で倒れ、搬送された病院で亡くなってしまった。

さらに数ヶ月が経って、Sさんがチャコを散歩に連れ出すと、今度は斜《はす》向かいの家の前で立ち止まって猛烈に吠え立てた。三度目のことで、Sさんは嫌な予感を覚えたが、さすがにそこの住人に「気をつけて下さい」とは言い兼ねて、悩みながら帰宅した。

だが、その翌日。

何と、かの家の奥さんがトラックに撥ねられ、三十四歳の若さで亡くなってしまった。

その後、チャコは左隣の家に向かって、気が狂ったように激しく吠えるようになった。当時のSさんは仕事が忙しかったので、妻が朝晩の散歩に連れ出していた。妻は、

「吠えちゃ駄目よ！　やめなさい！」

と、叱ったが、チャコは何かにとり憑かれたかのように吠え続けている。やめさせるには、左隣の家から引き離す以外になかった。

「あたし、何だかチャコのことが怖くなってきしゃったよ……」

妻がそう零《こぼ》すようになった。妻が言うには、チャコが人の魂を食べる魔犬のように思え

てきたのだという。彼女は息子を失ってから、泣いてばかりいてノイローゼ気味になっていた。

「何言ってんだよ。そんなこと、あるわけねえだんべえが」

Sさんは妻を宥《なだ》めようとしたが、

「あたしよりも犬を庇《かば》うの？　犬のほうが大事なん？」

と、眉を吊り上げながら言い返された。

「もしかすると、チャコには何か、人には見《め》えないものが見《め》えてんのかもしれねえよ。この土地に何か問題があるんじゃないか？　戦争で焼かれた町だからな」

Sさんは原因を調べてみようとしたが、おそらく戦災を受けていたのであろう、ということ以外は何もわからなかった。

ほどなく左隣の家の娘が亡くなった。まだ中学生だったが、死因はSさんの息子と同じ、急性の白血病であった。もちろん、伝染病ではない。

これらはわずか一年の間に同じ新興住宅地の中で発生している。

妻は怖がってチャコの散歩をやらなくなり、家に引き籠もって家事も放棄し、Sさんと些細なことで言い争うようになった。夫婦の仲は悪くなる一方で、妻は離婚話を切り出して家を出ていった。

それから三年ほどは何も起こらなかった。

Sさんは D子という女性と知り合い、自宅で同棲を始めていた。D子は人妻だったが、Sさんが離婚させて奪い取ったそうである。彼女は〈少し見える人〉でもあった。一緒に暮らすうちに、不思議とSさんも〈少し見える〉ようになったそうだ。

ある日の夕方、二人が外出先から帰宅すると、留守番をさせていたチャコがリビングで猛烈に吠えていた。何事かと思ってSさんがリビングへ急ぐと、悪臭が鼻を突いた。

腐肉《ふにく》の臭いである。

そして黒い人影が五、六体、薄暗いリビングに佇んでいた。Sさんは慌てて天井に取り付けてあるLED電灯を点けた。室内が明るくなると——。

黒い人影が鮮明に見えた。それは全裸で人体模型のように生皮を剥がれ、胸の上部から下腹まで縦に切り裂かれた人間たちの姿であった。腸《はらわた》が飛び出している。性別はわからない。

チャコはそれらに向かって懸命に吠え続けていた。戦っているようであった。

しかし、異様な人影たちは十秒と経たないうちにすべて消え失せた。チャコが吠えるのをやめる。疲れているのだろう、舌を出して荒々しく呼吸を繰り返していた。

「まずいことになったぞ。今度は俺か君か、どっちかが死ぬかもしれない」

Sさんがこれまでの経緯《いきさつ》を説明すると、D子は急に不機嫌になって、

「その犬が悪いものを呼んでるのよっ！」

と、チャコの尻を蹴飛ばした。

「何をするんだ！」

Sさんが咎めると、D子は柳眉《りゅうび》を逆立てて余計に怒り出し、荷物をまとめて家から出ていってしまった。それきり戻ってくることは二度となかったという。

Sさんはこの家にいるのが堪えられなくなって、ローンは残っていたが、太田市内の他の町に犬が飼えるアパートを探し出して引っ越した。自宅は売りに出すことにした。


Sさんには三つ年上の姉がいる。彼女は弟の身を案じて、友人に紹介してもらった霊能者に電話をかけ、Sさんのことを訊いてみたそうだ。霊能者は中年の女性で、電話を通してこう告げた。

「茶色の獣が見えます。それに女性の生霊がとり憑いている。弟さんが不幸続きなのは、そのためでしょう」

どんな女性なのかと訊くと、

「ロングヘアー。耳たぶに幾つかピアスを付けた女性が見えます」

とのことであった。

Sさんはこの日、仕事で職場にいたが、休憩時間に姉から携帯電話に連絡があって、この話を聞いた。彼は真っ先にD子を思い浮かべた。D子は明るめの茶髪でロングヘアー、左右の耳たぶに二つずつ、ピアスを付けていた。

だが、不可解なのは、既に彼女と別れていたことである。それに息子が死んで元妻が出ていったのは、D子と知り合う以前のことであった。

Sさんは釈然としない気持ちを抱えたまま、仕事を終えてアパートへ帰ろうとした。すると、アパートの彼が住む部屋の壁から黒い人影が飛び出してきて、夜陰に消えていった。胸騒ぎを覚えながら部屋に駆け込む。すぐに異変を察知した。チャコが普段なら玄関まで迎えに出てくるのに、今日は来ない。リビングキッチンに視線を走らせると――。

チャコが横向きに倒れている。苦しそうに口を開け、血を吐いて死んでいた。

この日の朝まで、まったく体調が悪そうな気配はなかった。Sさんが出かける前に玄関で尾を振っていたのが、チャコの生きた姿を目にした最後となった。

そして、数年後に共通の知人を通じてわかったことだが、D子はSさんと別れた翌年に癌を患い、既に死亡していたという。

飛ばす話

「高崎怪談会」に一度参加して下さった二十代の女性Mさんは、〈見える人〉である。父親の友人に造園会社の社長がいて、家の庭木を伐《き》ってもらったこともあり、よく遊びに来るそうだ。その社長自身は〈見えない人〉で、屡々《しばしば》悪いモノにとり憑かれるのだが、それを弾き飛ばして他人にとり憑かせてしまい、〈己《おのれ》は助かる人〉なのだという。

この日も彼は、伊勢崎市にあるMさんの家に来て、父親と二時間ほど談笑したあと、庭に駐めていた車に乗って帰ろうとした。父親とMさんも家から出て見送っていると、社長の車が庭から道路へ出た途端――。

その車の屋根から、白い人影が飛び出してきた。身長一七〇センチくらいの人間の形をした、全身真っ白なものであった。

それが対向車線から来た、通りすがりの車のほうへ飛んでゆく。車の屋根をすり抜けて、中に入り込んでしまった。社長の車は走り去ってゆき、父親もまるで気づいていない様子だったが、Mさんは、

「あの人、大丈夫かなぁ？」

走り去った対向車の運転者のことが心配で堪らなくなった。

しかし、見ず知らずの相手なので、どうすることもできない。事故に遭ったり、病気に罹《かか》ったりしていないか、確かめる術《すべ》もなく、今も気になっているそうだ。

※

同じような事例を奇《く》しくも、同日の「高崎怪談会」に参加して下さった五十代の男性Eさんから伺った。前述のMさんとは、このときが初対面の方である。

現在は佐波郡玉村町在住のEさんだが、以前は前橋市に住んでいた。彼は少年時代から長年にわたって空手をやっており、有段者なのだ。

十年ほど前のこと。真夏の休日、朝からEさんは、新前橋駅近くの公園で小学生の息子と娘に稽古をつけていた。

「かかってこい！」

一人ずつ順番に突きや蹴りを出させて防御したり、たまにはわざと打たせてやったりしながら相手をしていたという。

けれども、出し抜けに辺りが闇夜のように真っ暗になってしまった。

その暗黒の中に白い髑髏が現れた。マントに身を包んで、柄の長い大きな鎌を持っている。

（死神か！）

Eさんは咄嗟にそう判断した。まさによく絵に描かれる〈死神〉の姿をしていたからだ。

死神は鎌を振り上げ、Eさんに襲いかかってこようとした。

（殺《や》られてたまるかっ！）

Eさんは「トウッ！」と気合いを入れて、渾身の力を込めた前蹴りを、死神の鳩尾《みぞおち》目がけてぶちかました。

死神は吹っ飛んで、底知れぬ深い暗闇へと引き込まれてゆき、消滅した。

そして……。

娘の前回し蹴りが脇腹に当たって、その非力な衝撃で「ハッ」とEさんは我に返った。

公園の景色や子供たちの姿が見えてくる。

どうやら、熱中症を起こして、弁慶の立ち往生ではないが、五、六秒間、立ったまま昏睡していたらしい。ただちに稽古を中止して、持参していたペットボトルの水を飲んだ。

「危ないところだったよ！　あのまま斬りつけられていたら、死んでたかもな！」

Ｅさんは帰宅してから、妻にこのできごとを語って、高笑いをした。

「でも、死神をやっつけてやったから、これで俺はきっと、百まで元気に生きられるぞ！」

窮地を自力で脱した喜びから、軽口が出る。生き延びた気がしていた。


ところが、それからひと月ほどして、Ｅさんの小学校時代からの親友が突然、亡くなってしまった。その日、親友は自宅にいて急に、

「気分が、悪く、なった。救急車を、呼んでくれ……」

それだけ言ったあと、廊下で倒れた。

「死神だ……。鎌で、斬られた……」

譫言《うわごと》なのか、何度かそう呟いたのが、最期の言葉になったという。

親友の遺族からその話を聞いたＥさんは、絶句するばかりであった。

夜の着付け教室

Eさんの妻であるTさんは、独身だった二十代前半の頃に着物を自力で着られるようになりたいと思い、知人に紹介してもらった高崎市内の着付け教室に通っていた。当時働いていた会社は残業が多かったので、頼み込んで特別に週三回、午後九時半頃から稽古をつけてもらっていた。教室といっても、入口に看板を出していることを除けば、普通の一戸建て住宅で、八畳の和室が稽古場になっている。

先生は三十代の半ばくらいの女性で、その家に住んでいたが、家族がいる気配はなかった。ある夜、一時休憩することになったときに、何かの弾みで怪談話が出たことがある。Tさんは子供の頃から時々、不思議な現象を目撃することがあったので、そのことを話すと、

「へえ。面白いわね。どんな風に見えるの？」

先生が興味を示して訊いてきた。

「目に見える、というよりも、後頭部のほうにスクリーンがあって、そこに映る感じ、というんですかね……。くじ引きも、映像が映ったからその通りに引いたら、当たったことがあります」

「じゃあ、家《うち》のことは、何かわかる？」

そう言われたので、着付けのことは一旦忘れて脳裏を空っぽにすると、行ったことがないこの家の裏口が見えてきて、そこから男性が入ってくるのがわかった。三十二、三歳の長身ですらりとした美男である。見えた光景をそのまま伝えたところ、

「凄いじゃない！」

先生は目を瞠《みは》って、一度は沈黙した。だが、さして間を置かずに、

「あたし、去年離婚して今は独りなんだけどね、その人とお付き合いしているの。生徒さんや御近所さんに見られると、中には悪く言う人もいるので、ここに来るときはいつも裏口から入ってもらうことにしてるのよね」

と、快活に笑いながら打ち明けた。

（また当たった！　だけど、先生には悪いことをしちゃったかな？）

Tさんは喜んで良いのか、いけないのか、わからなくて困惑した。

そのあとTさんはトイレを借りることにした。玄関の近くに綺麗なトイレがある。そこに入っていると――。

「出ていけっ!!」

唐突に頭上から、雷鳴のごとき男の大声が響いた。怒鳴られたのである。

Tさんの後頭部にあるスクリーン全体に男の顔が浮かんだ。先程の男性ではない。美男と呼ぶには程遠い、四十代の半ばと思しき、頭髪の薄い、眼鏡を掛けた男であった。

Tさんは慌ててトイレから飛び出した。このとき家にはTさんと先生しかいなかったので、男の声がするはずがないのだ。

「どうかしたの？」

先生から訊かれて、Tさんは言うべきか迷ったが、黙っているのも良くないと思い、かの男のことを説明した。

「まあ……」

今度は先生の顔色が変わった。見る間に真っ青になってゆく。

「それって、きっと、別れた夫だわ……」

その夜は何とか稽古を済ませたが、先生は終始元気がない様子で、どこか怯えているようにも見えた。

Tさんも恐ろしくなって、着付け教室に通うのはそれきりやめてしまった。

その後、一年と経たないうちに、先生の家の壁に掛かっていた『着付け教室』の看板がなくなった。先生を紹介してくれた知人に訊いてみると、あれから他の弟子たちも全員、稽古をやめてしまい、新しい弟子も入らなくなったので、教室は閉鎖されたのだという。

弟子たちがやめていった原因は、知人も聞いていない、とのことであった。

それから半年ほど経って——。

当時のTさんは高崎市内の実家に住んでいた。夜になって居間で妹とテレビを見ていると、妹は疲れていたのか、ソファーでうたた寝を始めた。そして、

「せっかく来てくれたのに、ごめんなさいね」

と、寝言を呟いた。

(あらら……。何よ、改まって。変な寝言)

Tさんは失笑したが、ふと、その声と口振りが着付け教室の先生のものと似ている気がした。妹は先生と一面識もなかったのである。

(おかしなこともあるものね)

何となく気になったTさんは、数日後、例の知人に連絡を取り、先生はあれからどうしているのか、訊ねてみた。

それで二週間ほど前に先生は高速道路で自動車事故に遭い、死亡していたことがわかった。再婚した年下の男性も同乗していたが、彼は半身不随になりながらも命は助かりそうだという。先生はかつて前夫と婚姻関係にあったときに、その男性と不倫をしていたらしい。

大音量の彼女

私が主催する「高崎怪談会」は、私が選んだ出演者だけが怪談を語り、観客に聴いていただく回もあれば、来場者は誰でも体験談や蒐集《しゅうしゅう》した話を語ることができる回もある。これは後者で、ある寺の講堂を借りて参加者が車座に座り、順番に持ちネタを語っていったときのことだ。その席で五十代の男性Vさんが語った話を取り上げてみたい。

高崎市街地に住む彼は、若い頃にRさんという女性と交際していた。夜遅くに彼女の家に電話をかけたり、訪問したりすると、常にテレビとラジオを大音量で点けていた。非常にうるさくて話しづらい。理由を訊くと、何者かの泣き声や足音が頻繁に響いてきて落ち着かないので、聞こえないようにするためなのだという。

Vさんが少し体調を崩したとき、無理をして会いに行くと、Rさんは渋い顔をした。

「今、あなたの身体に人の顔をした、蛇みたいなのが巻きついてるの。あたしにゃ何もできないけど、その相手に、離れて下さい、ってきつく言ったほうがいいよ」

体調が悪いことは内緒にしていたので、Vさんにとっては寝耳に水だったそうだ。

Rさんから言われた通りにすると、たちまち快復した。

後日、Rさんを車の助手席に乗せて夜のドライブに出かけたときのこと。

「向こうから来るの、生きた人間じゃないよ」

Rさんがそう言うので、車の速度を落として前方を凝視すると、喪服を着た女が歩いてくる。スカートを穿いているので性別がわかったが、その女には首がなかった。

擦れ違ってからバックミラーを覗くと、女の姿は消えていた。

以前からVさんは、俺も怪奇現象を見てみたいものだ、と思っていたので、

（とうとうやったぞ！　凄《すげ》えもんを見たぜ！）

うれしくなり、翌日、目撃談を勤務先の同僚たちに語って自慢した。

だが、その晩のこと。

彼が仕事帰りに車を運転していると、左手の前方から人影が歩道を歩いてきた。近づけば、喪服を着た女で、首がない。

（一昨日《おととい》の女きゃ《か》あ！）

その刹那《せつな》、女の胴体が蛇のように長く伸びた。こちらに向かってくる。

轟音と激しい衝撃――。

女に吸い寄せられたかのように、対向車が突っ込んできたのだ。

Vさんの車は運転席が半分ほど潰れてしまった。彼は重傷を負って、救助されるまでの

間、少しも動けず、救急車で病院へ搬送された。

首のない喪服の女は、いつの間にか、いなくなっていたという。

対向車の運転者は、

「急にあのときだけ、居眠りをしてしまって……」

と、後日に謝罪してきた。

Vさんは死にかけて長いこと入院していたが、彼女のRさんは、頻繁に連絡を取ることも会うこともできなくなると、他の男性と交際を始めて去っていった。

おまけにVさんは、この話を「高崎怪談会」で語ったところ、その夜のうちに激しい腹痛に襲われたそうである。

B

「高崎怪談会」のスタッフである三十代の男性Kさんは、高崎市郊外の某町にある理髪店が気に入っている。彼は髪を切ってもらう間にその店の御主人、Gさんからこんな話を聞いたという。

十年ほど前のこと。同じ町内に広い運動公園があって、グラウンドがある。当時、Gさんの息子は小学生で少年野球クラブに所属しており、よくそのグラウンドで練習や試合をしていたのだが、ゴールデンウイークに同じ園内の広場でキャンプをすることになった。Gさんをはじめとする保護者も何人か引率者として参加した。大人も子供もバーベキューを楽しんだあと、子供たちはテントの中で眠ることになった。

テントの数は限られているので、大人たちは近くの駐車場に駐めたそれぞれの車の中で眠るしかない。

Gさんが運転席のシートを倒して眠ろうとすると、後方から人の声が聞こえてきた。

女がささやいている。

Gさんは上体を起こしてバックミラーやサイドミラーを覗き込んだが、誰もいない。じきに声も聞こえなくなった。

しかし、また眠ろうとすると、女の声がする。独り言のようで、何を言っているのかわからない。Gさんの奥さんや他の子供の母親など、女性たちは昼間だけ参加して、日が暮れる前に帰っていた。今、ここに女性はいないはずである。

(じゃあ、誰の声なんだ?)

Gさんが訝しく思っていると、女の声がはっきりと聞こえてきた。

鼻歌を唄っているらしい。十秒ほど唄うと一度沈黙があってから、涙声が続いた。

「あたし、もう生きていけないや……」

「こんな世の中に、何のために生まれてきたんだろう」

「早くいなくなりたい……。消えてしまいたい……」

「さようなら」

ただごとではないようだ。Gさんは再び上体を起こし、バックとサイドのミラーを覗いたが、後ろには誰もいなかった。既に女の声も途絶えている。他の父親たちと酒を飲んではいたものの、幻聴が聞こえるほど酔ってはいなかった。Gさんは気になって車から降りてみた。

だが、駐車場には父親たちの車が数台駐まっているだけで、ほかに人気《ひとけ》はなかった。それを確認したとき、Gさんは思い出した。

何年か前、この駐車場で排気ガス自殺をした三十代半ばの女がいた、という話を——。

Gさんは怖気立《おぞけだ》った。酒を飲んだので車を運転して家に帰ることはできない。第一、今夜は子供たちの近くにいなければならないのだ。やむなく車に戻ったが、眠ろうとすると同じ女の声が聞こえてくるので、夜明けまで一睡もできなかったという。


それから三ヶ月が過ぎた、八月の深夜のことである。

ひどく蒸し暑い夜であった。Gさんの家は一階に店と居間、風呂やトイレがあり、二階に家族それぞれの部屋がある。自室で眠っていたGさんは、寝苦しさに目を覚ました。再び眠ろうと、枕元に置いていたタオルで汗を拭って目を閉じる。けれども、エアコンを作動させているのに室温が十分に下がらず、暑くて眠れない。時計を見ると、午前二時であった。

このようなときは、なかなか眠れるものではない。起き出して別のことをやったほうが自ずと眠くなることがあるものだ。Gさんはベッドから起き出して窓を開け、網戸越しに外を眺めた。彼の家の裏手には線路が通っていて、近くに踏切がある。椅子に座って、何心《なにごころ》なく踏切を見下ろしていると……。

軽快な歌声が聞こえてきた。そして街灯に照らされた線路上に人影が見えてきたという。

黒っぽいスーツを着ているが、崩れた感じのする若い男であった。二十代の半ばくらいか、髪を金色に染めている。その男が、踏切から線路の上をこちらに向かって歩いてきた。鼻歌にしては大きな声で、歌を唄い続けている。男はGさんの家の真下まで来ると、一度立ち止まって、後ろへ下がり始めた。振り返りもせずに後退してゆく。踏切まで戻ると、再びこちらに向かって歩いてくる。Gさんの家の前で立ち止まり、また後退を始める。その動作を何度も繰り返していた。

しかも、同じ歌の冒頭の部分だけを繰り返し唄い続けているようだ。Gさんはその歌に聴き覚えがあった。

（あれは、Bの曲だ。『○○○○△△××××』じゃないか）

それは深夜番組のオープニングにも使われていた、Gさんも好きな曲で、若い頃によく聴いていたから思い出すことができた。Bはメンバー四人のうちの三人が高崎市出身のロックバンドで、一九八八年に早々と解散したが、逆にそれが絶大な人気を呼び、今でも伝説的なロックバンドとして語り継がれている。

既に終電後で、朝まで線路を列車が走ることはない。とはいえ、この界隈では線路を通路代わりに使う者は滅多にいないし、そもそも線路は敷石などの凹凸が多くて歩き難い。転ばずに後ろへ進むのは〈よいじゃねえ《容易ではない》〉ことなのだ。それに男の歩き方は前進も後退も動作に変化がなく、同じ映像の再生と逆回転を何度も繰り返しているように見える。歌声もずっと聞こえているが、同じく冒頭の部分しか唄わず、男の口元が動いているようには見えなかった。

(変な野郎だな)

Gさんが訝しく思いながら眺めていると、男は何度か線路の同じ場所を往復したあと、Gさんの家の前まで進んできて、映像が消えるように、ふいと姿を消してしまった。

街灯が点いているので、暗闇に紛れ込んだとは思えない。

(ちょっと待てよ！　そんなことが……!?)

Gさんは網戸を開けて窓から首を出し、線路を見渡した。どこにも男の姿はなかった。

Gさんは体温も室温も一気に下がったように感じたが、余計に眠れなくなったという。

後日、近所の人たちにこのできごとを語ると、

「ああ！　それなら俺も聞いたことがあらあ《あるよ》！　やっぱり、夜中の二時頃だったかな。線路のほうから、同じ場所を行ったり来たりしてるような足音や鼻歌が聞こえたんさぁ。そうゆんが《そういうのが》、たまにあらいなぁ《あるよなぁ》」

と、話してくれた年配の男性がいた。

この踏切付近では何人もの死者が出ている。それはGさんも以前からよく知っていた。自殺や事故死もあるが、中にはならず者がトラブルを起こした相手を撲殺《ぼくさつ》して、死体を線路に置いて列車に轢《ひ》かせ、証拠隠滅を謀《はか》ったのではないか、という噂話も耳にしたことがある。殊《こと》に逮捕歴のある若い男が線路に寝ていて轢死《れきし》した事故が発生しており、それが怪しい、と巷ではいわれていた。

（もしかしたら、俺が見たのは、その男だったんかな？）

また、Gさんは三ヶ月前に運動公園の駐車場で聞いた女の声が、やはりロックバンドBの同じ曲を唄っていたことを思い出した。それで両者の間に繋がりがありそうだ、と考えるようになった。

あとで事情通の常連客から聞いた話によれば、運動公園の駐車場で自殺を遂げた女と、線路で轢死した男は恋人同士だったらしい。年齢はひと回りも女のほうが上だったが、病弱で鬱病を患っており、男に死なれて生きる希望を失ったのではないか、という。

藤岡の晩春

霊能者で浄霊師の江連美幸《えづれみゆき》さんから伺った話である。江連さんは日本酒が大好きで、仕事のあとの御清めも兼ねて、よく御主人と飲みに行く。あるとき藤岡市にある居酒屋で他の常連客と顔見知りになった。Ａさんという六十がらみの男性である。その日も江連さんが飲みに行ったところ、Ａさんは、

「おまえはさぁ、霊能者だんべえ《だろう》。これってどういうことか、わかるきゃあ《かい》？」

と、こんな話を始めたという。

Ａさんはひと回り以上も年下の女性と結婚したが、十五年前に離婚した。しかし、二人の関係は複雑で、その後も数年間は頻繁に元妻と会っていた。さすがに年老いた両親がいる自宅へ呼ぶわけにはいかないので、週末になるとラブホテルに泊まっていたそうだ。決まって利用するのは藤岡市内の、以前から幽霊が出るとの噂が絶えないラブホテルである。けれども、Ａさんも元妻も怪異を信じていなかったので、気にせずに逢瀬《おうせ》を楽しんでいた。

Aさんが四十八歳の晩春のこと。木々の新緑が眩《まぶ》しい午後であった。藤岡市の花とされているフジの花も満開に咲き誇っている。元妻と一緒に買い物をしてから、いつものようにラブホテルへ行った。ところが、その晩は元妻の態度が冷たかったわけでも、嫌がっていたわけでもないのに、何となく一緒にいて、

（ああ、こいつとも、ハア会《もう》えなくなるな。明日の朝で永遠にお別れなんだんべえな……）

という気がしてきた。そこで記念になるものを残したいと思い、ラブホテルの部屋の様子や元妻の姿を携帯電話のカメラで写真に撮りまくった。ヌードの写真もあったそうだ。当時はまだスマートフォンよりも、ガラケーと呼ばれる小型の携帯電話を使う人が多かった時代で、撮った写真はマイクロSDカードに保存するのが常であった。撮影後に確認してみると、どれもピントが合って綺麗に撮れている。

Aさんは翌日、午前中に元妻と別れて車で自宅へ帰ろうとした。

帰宅時の様子を彼はこう語る。

「一人になったときにさぁ、車の助手席にガラケー、ほん投《ほ》げといたんだけど、家に着いて車から降りようとしたときにさぁ、なぁんか嫌な予感っつうか、自分のガラケーなんに《なのに》気味が悪《わり》い感じがしてな」

Aさんは携帯電話の電源を入れると、なぜか無性にラブホテルで撮った写真が気になって、即座に見返してみた。すると、撮影直後にはとても綺麗に撮れていた写真が全部ピンボケになっていた。それだけでも不思議に思えたが、とくに気になった一枚がある。

それは元妻の裸体を撮った写真で、彼女の周りに黒い靄《もや》が広範囲にわたって写っていた。よく見れば、靄に見えたものは人の顔であった。ピンボケのはずなのに、確かに人の顔が四つ、宙に浮かんでいるのが見える。年齢や性別はよくわからないが、どれも目をひん剥いたり、口を大きく開けて舌を出したりと、凄まじい苦悶の形相が認められた。

「げえっ……」

群馬県の方言に、しゃいなし（みだりに、むやみやたらに、の意）という言葉がある。Aさんはまさに助手席へ携帯電話を、しゃいなしに放り投げた。今度は衝撃が強かったのか、マイクロSDカードが横から飛び出した。戻しても、また出てきてしまう。

（いけねえ。壊れたんかな？）

だが、使用年数はさほど経っていないので不審に思った。マイクロSDカードを戻す、出てくる、戻す、出てくる――同じことを何度か繰り返すと、ようやく出てこなくなった。

それでも、Aさんは写真に写っていたモノたちに魅入《みい》られたような気がして、ひどく不快な気分になっていた。そこで昼間から開いている居酒屋へ徒歩で出かけ、憂さを晴らすことにした。このとき携帯電話は持参しており、例の写真はまだ破棄していなかったという。

居酒屋では偶然、滅多に会わない幼馴染みと再会し、夜遅くまで飲むことになった。楽しかったので嫌なことは忘れ、泥酔して自宅に帰った。家に入ろうとすると、ドアに鍵が掛かっている。両親は既に眠っていた。上着のポケットに入れておいたはずのドアの鍵を取り出そうとしたが、なかなか見つからない。

「おっかしいな。どっかへ落っことしたか？」

酔って気が大きくなっていたのでさのみ気にせず、車のキーは見つかったため、朝まで車の中で眠ることにした。運転席に座って、ドアをロックしたところまでは覚えている。

それから何時間かが過ぎて……。

夜明け前にAさんは目を覚ました。焦げ臭いやら、熱いやらで眠っていられなくなったのである。目を開けてみると、彼はいつしか助手席に座っていた。運転席には誰もいなくて、座席からオレンジ色の炎が燃え上がっている。

（火事だっ！）

慌てて車から飛び出した。Aさんはどうしてこんなことになったのか、原因がわからなかったが、とにかく火を消そうと、自宅の庭にある立水栓まで走った。ホースで車内へ大量の水を撒き、何とか火を消し止めることができたという。

（危ねえ危ねえ。下手すりゃあ、焼け死ぬところだったい……）

朝日が昇ってから、水浸しになった車内を調べると、真っ黒な燃え滓《かす》と化した運転席から、同じく真っ黒になった携帯電話が見つかった。マイクロSDカードは燃えてしまったのか、跡形もなくなっていた。Aさんは煙草を吸わないし、車のドアには鍵を掛けてあったので、携帯電話から発火したとしか思えない状況である。おまけに携帯電話がどうして運転席にあったのかもわからなかった。

「ハア、なっから《かなり》前のことなんだけど、おまえを見たら思い出したんさぁ。どう思うや？」

Aさんはこの日もだいぶ酔っていた。江連さんは、

「そりゃあ、そういうこともあるわよ。その霊たちだって、よもやガラケーの中に閉じ込められるとは、思ってなかったでしょうからね」

と、やんわりと窘《たしな》めた。

ちなみに、Aさんと元妻は本当にそれきり絶縁となってしまった。再婚相手ができたとか、喧嘩をしたわけではなかったが、彼がこれまで通りに会おうとすると、元妻が何かと理由をつけて断ってくるようになり、二度と会うことはなかったそうである。

機《はた》どころの家

昔の群馬県は全域にわたって養蚕が盛んで、製糸工場も多かった。『上毛かるた』では〈ま〉の札で「繭と生糸は日本一」と詠《うた》っている。

そして〈き〉の札で「桐生は日本の機どころ」と詠われた桐生市は、かつて絹糸を使った織物の生産が盛んな地域として知られていた。残念ながら現在は倒産してしまった会社や店舗が多いが、市街地には今もノコギリ屋根の工場や蔵が遺された場所がある。

二十代後半の男性Tさんは、そんな町で生まれ育った。彼の家は七十年ほど前に祖父が建てたもので、歴史と伝統のある町の中では新しい部類に入る。たまたま土地が買えたので住み着いたが、家族が織物工場や呉服店などで働いていたわけではないそうだ。

家は木造の二階建てで、二階にはTさんの部屋と空き部屋があった。空き部屋の柱には御札が貼ってあったという。それはTさんが物心ついたときには既に貼られていた。

『かんながら　たまち　はえませ』

と、ひらがなで文字が書かれていたが、子供の頃にはまったく意味がわからなかった。

中学二年生の頃、Tさんは野球部に入っていた。昔と違って坊主刈りにはしなくても良かったそうで、ソフトモヒカンが部内で流行っていた。御多分に漏れず、Tさんも休日に理髪店でやってもらった。

帰宅後、風呂に入り、髪を洗うことにした。理髪店でも洗ってもらっていたが、髪を切った直後は必ず抜け毛があるからだ。シャワーを使ってシャンプーを洗い流してから、目を開けて抜け毛を確認しようとすると——。

大量の髪の毛が、掌の上に載っていた。長い黒髪が絡み合って、一束になっている。Tさんは短髪なので、明らかに自分のものではなかった。

その上、シャワーで湯を浴びていたのに、黒髪の束は露ほども濡れていないように見えた。

「うわっ!」

驚いたTさんは、咄嗟に黒髪の束を放った。それは壁際に置いてあるシャンプーが入ったボトルの向こうへ飛び込んで、見えなくなった。

(あっ、いけない。あんなものが排水口まで流れていったら、詰まってしまうな)

気持ちの良いものではないが、取り出さなければならない、と判断してシャンプーのボトルをどかすと、黒髪の束はなくなっていた。

（ええっ？　どこへ行ったんだよ？）

Tさんは気味悪く思ったが、風呂場から逃げ出そうとはせず、湯船に飛び込んで首まで浸かってしまった。どうしてそんな行動を取ったのか、自分でもわからない。身体が勝手に動いたのだという。

数分後に気づいたことがあった。身体がまるきり動かなくなっていたのだ。

古い型の風呂釜が湯船の隣にある。このとき、追い焚きはしていなかった。

ところが、背後から、カチン、という音がした。着火用のレバーが回転した音である。勝手に追い焚きが開始され、湯の温度が上昇を始めた。

（大変だ！　早く揚がらないと！）

しかし、依然として身動きができない。足に力を込めても、立ち上がれなかった。

「あはははっ！　あはははは……」

天井のほうから女の笑い声が聞こえてくる。Tさんが苦しむ姿を眺めて、喜んでいるらしい。首を上に向けることも儘《まま》ならないので、女の姿は確認できなかった。

怖気《おじけ》づいたが、今はそれどころではない。入ったときには四十度程度だったと思われる湯の温度が、既に四十五度を超えているようだ。じきに五十度まで到達するだろう。

（早く、出るんだ……）

焦るばかりで、一向に動けない。のぼせて眩暈《めまい》がしてきた。

（もう駄目か……）

死を覚悟し始めたときに、「Tちゃん！」と母親の声が聞こえてきた。声も出せないので返事ができずにいると、

「いつまで入ってるんさぁ？」

母親が曇りガラスの戸を開けた。Tさんが長いこと風呂から出てこないので、様子を見に来てくれたのである。

「どうしたん？」

同時にTさんははたと身体が動いて、湯から上がることができた。母親に裸を見られてしまうが、今はそれどころではない。局所だけを手で隠して、力なく湯船の縁に座り込む。

Tさんがやっとの思いで事情を説明すると、母親は風呂場全体を見渡しながら、

「あんたたち！　あたしの子供に手を出したら、ただじゃ置かないからねっ！」

と、大声で怒鳴った。それでTさんは、

（ああ、俺、助かったんだな……）

心が落ち着き、とても安心したという。

その後、Tさんが自宅の風呂場で異変と遭遇することは二度となかった。ただ、あとになって考えてみると、不可解なことが幾つかあった。母親は怪異を信じていない人で、Tさんが学友から聞いてきた怪談を家で語ろうものなら、「そんなもの、嘘っぱちだよ」と怒るほどだったのに、あのときは真剣な態度に見えた。それに、どうして風呂場全体を見渡して〈あんたたち〉と言ったのか？〈あんた〉ではなかったのか？

「もしかして、風呂場に大勢のお化けがいたんかい？」

Tさんは母親にそう訊いてみたが、

「いやしないよ、そんなもの」

と、笑うばかりであった。

けれども、Tさんには母親が何かを知っているように思えた。ついでに述べておくと、両親は父親が婿養子で、母親はこの家で育ったのである。

そして高校生になったTさんは、二階の空き部屋に貼られた『かんながら　たまち　はえませ』の御札が何なのか、考えるようになった。昔、祖母が貼ったのだと母親から聞いて、

「あれ、何の呪文？」

Tさんは祖母に訊いてみた。祖母は言い難そうに口籠もりながら、

「ううん……。毎晩、よく眠れます、ように……という、呪文だよ」

そう答えただけであった。

何かを隠しているように思えたので、調べてみたところ、古神道の祝詞《のりと》で、現在の「はらいたまえ　きよめたまえ」に該当することがわかった。一番単純なものながら、悪霊を速やかに祓い去る、といわれる祝詞らしい。

どうもこの家や土地で過去に何かがあって、御札が必要だったようなのだが、やがて祖父母は亡くなってしまい、Tさんも結婚して別の家に住むようになった。実家に住み続けている両親に訊いても「知らないねえ」と答えるばかりで、未だに謎のままだという。

国定の家

伊勢崎市国定町（旧佐波郡東村大字国定）は江戸時代の侠客《きょうかく》、国定忠治《くにさだちゅうじ》の生まれ故郷であり、養寿寺には墓も存在する。「赤城の山も今夜を限り」の台詞が有名で、講談や芝居、映画などで演じられる忠治は、貧しい庶民を助けて悪代官を叩き斬る、義理人情に厚い任侠として描かれている。

しかし、実際の忠治は博打と縄張り争いに明け暮れ、殺人を繰り返し、大罪とされた関所破りまで犯した大悪党であった。中気になったところを捕縛され、磔《はりつけ》の刑に処されている。徳川幕府の役人たちを苦しめたことは事実で、そのことから明治時代以降、反逆のヒーローとして創作されるようになった。

そんな国定町出身の女性Fさんは、幼少の頃から〈見える人〉であった。彼岸や盂蘭盆会《うらぼんえ》の時季になると、道端に黒い影が現れて佇むのが見える。

彼女が生まれ育った家は古い農家で、玄関から続く広い土間や廊下などに、小柄な人の形をした黒っぽい影が常に立っていた。その影は道端に現れる影とは違って、家の中に一年中、留まっている。黒っぽいだけで性別や人相、着衣の有無などはわからない。家族の中でもそれが見えるのは、彼女だけだったという。

見慣れているので普段は怖くなかったが、たまに色が濃くなって漆黒になり、頭のてっぺんが天井に届くほど、身の丈が高くなることがあった。その前を通り過ぎるときは、普段とは違った威圧感があり、些か怖かったそうだ。

しかも、中学生の頃になって気づいたのだが、近所に住む老人や老婆が急病などで亡くなった日に限って、黒い影は巨人化していた。また、この辺りは田畑が多い郊外のわりに近くの道路は交通量が多く、事故が頻繁に起きていた。

朝方、黒い影が巨人化しているのを見て、

(また何かあったのかな……?)

そう思いながら学校へ行こうとすると、通学路の路肩に壊れた車とパトカーが停まっていて、事故の処理が行われている——そんなことが何度もあった。

(人の魂を食べたり、不幸を齎《もたら》したりして、大きくなるものなのかもしれない)

Fさんは黒い影の正体について憶測し、これまでよりも畏怖《いふ》するようになった。

黒い影は廊下を移動することはあっても、Fさんの自室に入ってくることはなかったので、何とか同居できていたのだが、彼女が二十代になると、現在の御主人が自宅へ遊びに来るようになった。そこで異変が発生した。

彼が部屋に入るときに限って、その背中に黒い影がくっつき、一緒に入ってこようとする。

「駄目よっ！」

必死に叱りながら、黒い影の頭に平手打ちを食らわせ、腕を掴んで引っ張ると、彼から離れてゆく。群馬県の方言に、ばんたび（その都度、毎回の意）という言葉があるが、まさにばんたび同じことをやらなければならなかった。このときは人間の身体に触れているのと同じ感触があった。そして理由はわからないが、彼の背中にくっつくのは決まって小柄な姿のときだけであった。それでも、

（大きくなってるときにこれをやられたら、どうしよう？　怖くて追い払えないよ）

と、気がかりになることもあったという。

Fさんにとって、黒い影は年々、厄介な存在に思えるようになっていたのだが……。

休日のこと。Fさんが愛車で外出しようとすると、巨人化した黒い影が玄関の前に両腕を広げて立ちはだかったことがあった。

「行ぐな」ということらしい。

嫌な予感がして、出かけるのをやめたのだが、その直後に近くの道路で、信号無視をし

た車が他の車と激突する事故が発生した。ちょうどそこを通る予定だったので、出かけていたら事故に巻き込まれていたことだろう。

「ありがとう！　あんたのおかげで助かったよ！」

Ｆさんは、黒い影に生まれて初めて礼を言った。

この一件から、およそ半年後、Ｆさんは結婚して太田市へ嫁いだ。それから実家の土地と建物は事情があって手放すことになり、他の人たちが住むことになった。

その前にＦさんが実家へ里帰りすると、黒い影はずっと彼女のあとをついて回り、いよいよ婚家へ帰るときには玄関までやってきた。いかにも名残惜しそうである。

「一緒に来る？」

優しく声をかけてみたが、黒い影はこの家屋から離れられないようで、玄関から外へ出てくることはなかった。見送りに出てきた家族の後ろで、静かに佇んでいたという。

それが、Ｆさんがこの黒い影を見た最後であった。

（注……伊勢崎市曲輪町の善應寺にも忠治の墓がある）

世界一の神社

Fさんは子供が七歳と四歳になった頃、もう一人欲しい、と思うようになった。男の子が二人いるので、今度は女の子がいいと考え、産み分けの願いを叶えてくれる神社を探した。そしてある大きな神社に参拝すると効果があることを知った。

そこは同じ群馬県内でも、やや遠い山の中にあるので、Fさんも御主人も行ったことがなかった。初秋の平日に仕事を休み、車で参拝に行くことにしたそうである。子供たちが小学校や保育園へ行っている間に出かけて、早めに帰ってくる予定であった。

御主人が車を運転し、Fさんは助手席に乗っていた。車が山道を登ってゆくと、

「何だか、怒られてる気がする」

Fさんは先程から気になっていたことを口外した。御主人が訝しげな顔をする。

「何で？　誰に？」

「わからない。だけど、なんか不安だな……」

現在、Fさんは禁煙しているが、当時は一日数本ながらも喫煙していた。煙草を取り出して火を点け、車のドアガラスを開けて一口、煙を吸い込んだ。

だが、煙を吐くのと同時に、山の上のほうから雷鳴のような大声が響いてきた。あたふたと煙草の火を揉み消して、ドアガラスを閉める。

「ヤダな……。凄く怒ってるわ」

「誰が怒ってるんだい？」

「誰かなぁ？　わからないんだけど、おっかないや……」

「じゃあ、引き返すかい？」

「……ううん。せっかくここまで来たんだから、行ってみようよ」

御主人が車を走らせ、神社まで数キロの地点を通過した。

そこから声が一層、大きくなってきた。耳が痛くなるほどの大声が厳かに響く。

「おまえのような者が来る所ではない！」「帰れ！」「帰れ！」「帰れ！」

「ああっ！　……あれは、偉い人だわ。大きくて物凄い力を持った……。神様……？　でも、何であんなに怒ってるん？」

Fさんには、大声の主が怒る理由が理解できずにいた。

さらに山道を進んで神社へ近づくと、車内が焦げ臭くなってきた。エアコンを通して外から臭いが入ってきているらしい。対向車線を走ってくる車や自転車《ロードバイク》に乗った者たちが、擦れ違いざまにこちらを見ている。

「帰れと言ったのに！　愚か者めが！　煙草を吸う女が、子供のことなぞ祈るものではない！　どうなっても知らぬぞ！」

ついに凄まじい一喝が炸裂した。落雷を脳天に受けたかのような衝撃に、Fさんは眩暈《めまい》を起こした。十秒以上経って、それが治まってくると、両目から涙が溢れ出してきた。

「……帰ろう……」

やっとそれだけは言えたが、涙が止まらない。

御主人が車の速度を落とす。車のボンネットの両端から黒煙が立ち昇り始めていた。

「こりゃあ、大変だ！」

御主人が慌てて車を路肩に停めた。近くに案内板が立っていて、『××神社まで二百メートル』の文字が見える。御主人が車から降りてみると、左右の前輪から黒煙が噴き出していた。ディスクブレーキが真っ赤になって、キン！　キン！　と音を立てている。御主人は水を掛けて冷やそうかと考えたそうだが、生憎《あいにく》ペットボトルに入った飲みかけのコーラしかなかった。

「仕方がない。いいか悪いかわかんねえけど、ぶっかけてみんべえ」

ディスクブレーキにコーラを浴びせて、十分ほど様子を見る。

その間、Fさんは助手席で号泣しながら、同じ言葉を繰り返していた。

「ごめんなさい。ごめんなさい。ごめんなさい。ごめんなさい……」

黒煙が出なくなったので、御主人は運転席に戻ってきた。車をUターンさせて、山を下り始める。御主人は、パンクしたらどうしよう、と不安で堪らなかったらしい。一方、

「二度と来るなっ！」

山の上から大声が追い討ちをかけてきたので、Fさんは竦《すく》み上がった。

麓にあるカー用品の専門店に入り、ディスクブレーキの診断を頼むと、従業員から「大丈夫ですよ。新品と変わらないです」と言われた。

「そんな……？　真っ赤になっていたんですよ」

御主人が説明したが、従業員の男性は怪訝な顔をした。

結局、そのまま帰ることになると、Fさんは徐々に心が落ち着いてきた。スマートフォンを手にして、例の神社をインターネットで検索したところ、『心の広い神様がいる神社』と書いてあるサイトを発見した。

「嘘ばい！　心狭いじゃん！　あそこの神様、世界一心が狭いよう！」

Fさんは我慢できず、帰路の車内で延々と愚痴を零《こぼ》し続けた。

それからというもの、彼女と御主人にとって、例の神社は〈世界で一番〉近づけない宗教施設となっている。

神社でコスプレ

二十代の男性Hさんが彼女を連れて、北毛の山間にある神社へ観光を兼ねた参拝に行ったときのことである。他の観光地を巡ったあとだったので、夕方になっていたが、それほど広くない境内に大勢の人々がいた。

その身なりが変わっていて、羽織袴を身に着けて月代《さかやき》を剃り、髷《まげ》を結った男がいる。腰には大小の刀を差していた。同じように月代を剃っているが、着流し姿の男もいる。また、着物を着て、頭髪を日本髪に結い上げた女がいた。

着物を着ているが、髪を結い上げていない男女や洋装の男女もいる。洋装はデザインからして大正時代から昭和初期のスーツやワンピースを思わせるものであった。陸軍や海軍の軍服を着た男たちもいた。

年齢は十代後半から四十歳くらいまでと、まちまちである。

「何かやってんのかしら？　映画の撮影とか？」

彼女がささやく。

それにしては、カメラなどの道具を持ったスタッフの姿が見当たらない。

「コスプレイベントかなぁ？」

Hさんも小首を傾げた。

奇妙な出で立ちをした人々は四、五十人もいて、押し競《くら》まんじゅうでもするかのように犇《ひし》めき合っていた。Hさんと彼女はその横を通り過ぎると、本殿の前に行って、参拝を済ませた。そして振り返ったところ……。

奇妙な出で立ちをした人々が、こちらをじっと見つめていた。おそらく全員がHさんと彼女に目を向けている。二人はその視線の数に圧倒されて声を呑んだ。攻撃されたわけではないが、どうにも居心地が悪い。早々と引き揚げることにした。

(一体、何のつもりなんだ？　変な連中だな……)

気になったHさんは境内の外れまで来ると、足を止めた。振り返ってみれば――。

奇妙な人々は既にこちらを見てはいなかったが、その容姿がつい先程までとは明らかに変わっていた。いずれも身体がうっすらと緑色の光を帯びており、半ば透き通って見える。

(あいつら、生きた人間じゃない！)

Hさんはどきりとしたが、同時に、

「あっ……」

と、彼女が声を上げた。

彼女もHさんに倣《なら》って立ち止まり、同じ光景を目撃していたのである。だが、その声に気づいた奇妙なモノたちが一斉にこちらを振り向いた。

「行こう！　早く！」

Hさんは彼女を促して、神社から退散した。

帰路、Hさんが運転する車の中で彼女が言った。

「さっきの人たち、あんなに大勢いたんに話し声が聞こえなかったし、押し競まんじゅうでもするみたく、ちっとっつ《少しずつ》動いてたけど、全然音がしてなかったよね」

翌年。

この神社は境内の隅に駐車場があるのだが、そこに車を駐めていた人が事故を起こした。車ごと柵を破って崖から二十メートルほど転落し、死亡したのである。原因はアクセルとブレーキを踏みまちがえたためであろう、とされた。

しかしながら、新聞記事を読んでそれを知ったHさんは、あの奇妙な連中と遭遇して慌てたことが事故の原因ではないか、と思い、震駭《しんがい》したという。

姫地蔵の背景

私は既刊の拙著『群馬百物語 怪談かるた』の「夕涼み にやりと笑う 姫地蔵（一）」「同（二）」で、桐生市の柄杓山もしくは城山と呼ばれる丘陵の小さな地蔵に関する話を書いた。「高崎怪談会」に何度も出演して下さっている人形劇俳優の高橋幸良さんが、群馬大学の学生として桐生市郊外に住んでいた頃に体験したできごとである。

未読の向きのために粗筋を述べてみよう。

一九七九年十一月二十三日（祝日）、桐生市内の高校に通う女子高生と栃木県内の大学に通う男子学生のカップルが、車で標高三六一メートルの柄杓山へ遊びに来た。そこへ刑務所から出所したばかりのヤクザ崩れの男が、たまたま車で訪れて二人と遭遇した。

強盗目的で近づいてきた男は、楽しそうな二人を見て気が変わったらしい。持っていた凶器のアイスピックを使って二人を脅し、女子高生を縄で縛り上げ、車の中で強姦した上に惨殺して全裸にし、男子学生に遺体を崖から投げ落とす遺棄作業を手伝わせた。その後、

「友達に金を借りに行く。車を運転しろ」

と、また男子学生をアイスピックで脅し、桐生市街地までやってきた。だが、桐生警察

署の近くに車を停めた男子学生が、警察に助けを求めて犯人は逮捕されている。女子高生が殺害された現場には、供養の地蔵が建立された。事件を知った東京都在住の人物が甚く悲しみ、建立したもので、地元では通称〈姫地蔵〉と呼ばれている。

夏の夕方、高橋さんが学友と夕涼みにそこを訪れると、不意に地蔵の顔に変化が生じたので、驚いて逃げ帰った話が「夕涼み にやりと笑う 姫地蔵（一）」である。

さらに後日、高橋さんが同じ学友の運転する車で桐生市から前橋市まで行き、夜遅くに帰る途中、道に迷って学友の態度がおかしくなり、その顔が思いもよらぬ変容を遂げた、車は見覚えのない夜道を走り続け、果たして無事に帰れるのか……？　という話が「夕涼み にやりと笑う 姫地蔵（二）」となっている。

高橋さんはこのできごとが「これまでの人生で一番恐ろしい体験でした」と言っており、「高崎怪談会」では絶対に語りたくないそうだ。ただ、私が語ったり、執筆したりするのは許可して下さった次第である。

また、この話にはページ数の都合で割愛したエピソードもある。

高橋さんは姫地蔵の顔の変化を目撃したあと、毎夜同じ夢を見るようになった。崖の上に青い服を着た若い女が立っていて、蒼白な顔をしてこちらを見下ろしている。それだけの夢なのだが、女の風貌が幽鬼としか思えぬ恐ろしいもので、決まって汗びっしょりになり、ひどく魘《うな》されながら目が覚める。それが一週間も続き、寝不足で身体が弱ってきた。

（まずいことになった……。とり憑かれたのかな？）

憂慮していた八日目の深夜、車で道に迷う一件が発生したので、いよいよ来たか、と恐怖心が最大限まで高まったそうだ。とはいえ、その後は悪夢を見なくなったという。


そして、この作品を発表したあと、意外なことが起きた。拙著を購読して下さった五十代の女性Zさんから、次のようなメールをいただいたのである。

『被害者の女子高生のことはP子さんとしておきますが、私は彼女と同級生で、同じ高校に通っていました。彼女はかわいくて皆から好かれていたので、あの事件には誰もが大変なショックを受けて、一時は勉強も手につかなかったし、遊びに出かける気も起きませんでした。P子さんととくに仲が良かった女子たちは、毎夜同じ夢を見るようになったそうです』

真っ暗な寒々とした空間に長い階段があり、その途中にP子さんが座っていて、何かひと言二言、悲しげに語りかけてくる――そんな夢だったらしい。

しかも、事件が起こる一週間前にはP子さんの弟が交通事故に遭い、軽い怪我をしていた。「あれが予兆だったのかもしれない」と言い出した者がいて、余計に皆を悲しませた。

それに加えて、この高校には合宿用の別棟があるのだが、そこで合宿が行われたときに二階の部屋から、窓の曇りガラスの外側を行ったり来たりする、白っぽい人影が目撃されている。驚いて窓を開けた者がいたが、誰もおらず、窓の外には人が歩けるような場所もなかった。これは大勢の生徒だけでなく、教師も目撃していたという。

「きっと、P子がみんなに会いたくて、戻ってきたんだよ」

教師の言葉を聞いたZさんは、不思議と怖いとは思わなかった。かえって救われたような、温かい心持ちになったそうだ。

月日が経って卒業式が終わり、最後のホームルームで担任の男性教師がこんな話をした。

「夜の九時頃に懐中電灯を持って、校舎の見回りをしていると、真っ暗なタイプ室から、パチパチパチパチ……と、タイプライターの音が聞こえてくるんだ。誰かいるのかな、と思って入口に近づくと、音は急に鳴りやむ。そんなことが毎晩あったんだよ」

当時は機械警備が導入される前で、教師が交代で宿直しながら校内の見回りをしており、ワープロやパソコンはまだ普及していなかった。教師が無人のタイプ室に入ってみると、途中まで英語の文章を打ち込んだ紙がタイプライターに挟まっていた。生前のP子さんはタイプライターを扱う授業が好きで熱心に取り組んでいたので、教師は閃いたそうである。

「これはP子が、やり残した課題が気になって出てきているんだ、と思った。それで代わりに続きを仕上げてやったら、それきりタイプの音はしなくなったんだよ」

教師はそこまで語ると一旦黙ってから、微笑んでこう言った。

「だからみんな、P子のことを同じ卒業生として、仲間として、ずっと忘れないで欲しい」

P子さんは清楚で愛らしい顔立ちをした、心の優しい娘であった。両手を縛られて強姦されたあとも自由が利かない掌で、懸命に彼氏の頬を撫でて慰めようとしていたという。

Zさんのメールは続く。

『ですから、御著書に出てきた〈にやりと笑う〉怖い姫地蔵とは、どうにも結びつかないのです。不幸な亡くなり方をした人の霊は、性格が変わってしまうのでしょうか？　それとも、ひょっとして、姫地蔵には何か別の霊でも入り込んでしまったのでしょうか？

当時大学生だった彼氏も、もう還暦でしょう。一時期、精神科のカウンセリングを受けていた、という話も聞きました。御著書の姫地蔵が怪談というよりも、ホラーに近い印象を受けたので、実際の背景を知っていただけたら、と思い、お話しさせていただきました』

とのことである。怪異は体験者の見方や感じ方で、まったく別の現象になる、という一例だろうか。あるいはZさんが仰るように、別の霊が姫地蔵に入り込んでいたのだろうか。

なお、この事件の加害者は、少年時代に他県で中学生の少女も強姦し、殺害している。しかし、裁判では無期懲役とされ、死罪になることはなかった。

小雨に煙る榛名山

榛名山は外輪山の掃部ケ岳《かもんがたけ》が最高峰で標高一四四九メートルと、高い山地ではないが、伊香保温泉や榛名湖など、観光地が多くて人気がある。食べ物は高崎市榛名神社近くの〈門前蕎麦〉と、渋川市水澤寺（水澤観音）近くの〈水澤うどん〉、渋川市伊香保温泉の〈湯の花まんじゅう〉などが名物だ。水澤うどんは腰のある太麺で、醬油や胡麻だれのつゆに浸して食べることが多い。

さて、これは渋川市在住の男性Sさんの体験談である。彼が高校生だった頃、用事があって母親と榛名湖畔まで行くことになった。このとき母親が運転する車は、渋川市街地から西へ向かう榛名山東麓の裏道を走っていた。森に囲まれた細い山道で、他の車と出会うことは少ない。そのため快適に伊香保を経由し、榛名湖まで行けるはずであった。

夏の暑い日だったので、途中で道幅が広くなった場所に車を停め、持参した飲み物を飲んで休憩することにした。ちょうど木陰になっていて、良い場所に思えたのだが……。

二人はそこで奇妙な光景を目にして息を吞んだ。路肩に白い骨壺が二口と、黒縁の額に収められた写真が二葉、置かれていたのである。夫婦と思われる年老いた男女の遺影が、コンクリートの縁石に立て掛けられていた。

「あれヤダよう！　ここ、よそうね！」

母親がただちに車を発進させ、その場から離れた。実際に骨壺の中に骨が入っていたのかどうかはわからない。質《たち》の悪いいたずらだったのかもしれないが、母親は気味悪がって、帰路は〈表の道〉である県道三十三号線を選んだ。

月日が過ぎて、Sさんは高校を卒業するのと同時に普通自動車運転免許を取得した。早速、ドライブに出かけたくなったが、まだ自分の車を持っていなかったので、母親の車を借りて出かけることにした。助手席に友人の男性を乗せて出発する。小雨が降る肌寒い日の昼下がりであった。渋川市の中心街から榛名湖まで行く予定で、あの裏道を通ることにした。運転に慣れていないので、他の車が少ない道を走りたかったのだという。

数年前、この道沿いに骨壺と遺影があったことはすっかり忘れていた。小雨に煙った山道を登ってゆくと、急にドゥイイン……と音がして、助手席のドアガラスが開いた。

「おい、窓を開けんなよ。濡れるだろ。雨が入るから、早く閉めろよ」

「えっ？　こんなん《の》、閉め方がわかんねえよ」

「開けたときと同じだよ。同じボタンの逆のほうを押しゃあいいんだよ」

「そんなこと言ったって、俺、どのボタンだか知らねえよ」

友人も車に乗り慣れていなくて、操作ボタンの位置がわからず、戸惑っていた。

「何言ってんだよ。開けたときにボタン、押したんべえよ」

「俺、押してねえよ。窓が勝手に開いたんだよ」

そのとき、開いていたドアガラスが今度は独りでに閉まり始めた。全部閉まるや、再び開き始める。Sさんは面食らって車を停めた。そこは道幅が広くなっており、木々の枝が路肩の上に張り出していた。

(あっ、あのときの！)

遺影と骨壺があった場所だ。今、それらは見当たらないが、ようやく思い出した。

(ここ、気持ち悪いな)

と、考えた瞬間であった。

急ブレーキの甲高い軋りが聞こえてきたかと思うと、ドガン！　という轟音と激しい衝撃が背後から襲ってきた。

珍しく後方から車が来ていて、急停車したために追突されたのだ。不幸中の幸いで、怪我はSさんも友人も軽い鞭打ち症で済んだが、車はバンパーとテールランプが破壊され、ボディも少し傷ついた。それにこちらが急停車したことから、相手の車の修理代も多めに支払わされる羽目になった。

そして、その運転者と話をして警察に連絡し、警官が到着するのを待つ間のことである。Sさんがふと路肩に目をやると、いつの間にか、白い骨壺と遺影が置いてあった。つい先程までそこにそんなものはなかったので、Sさんは飛び上がらんばかりに驚いた。

「おい！　あれを見ろよ！」

友人のほうを振り返り、声をかけてから骨壺と遺影を指差す。

「うん？　……何があるんだい？」

友人がそちらを見て、きょとんとした顔をする。

Sさんが再び路肩のほうを向くと、骨壺も遺影もなくなっていた。相手の運転者に不審な動きは見られなかったという。

その上、Sさんには気にかかることがあった。遺影の写真に写っていたのは、同じ中学校に通っていた同級生のC子とそっくりだったからだ。かつてSさんが片思いをしていた娘であった。髪が長く伸びて、以前よりも美しくなっていたが、面影は十分に残っている。

（まさか……。他人の空似だろうな）

中学校を卒業してから、C子とは一度も会っていない。嫌な予感がして気になったが、連絡はしなかった。連絡を取り合うほど親しい仲ではなかったし、こんなできごとを話しても信じてもらえるとは到底思えない。それに他の同級生を通して、C子は元気に暮らしており、彼氏もできた、という話を耳にしていたからである。

ところが、それから約三ヶ月後。

C子は交通事故で死んでしまった。仕事帰りに一人で車を運転していて、居眠り運転でもしたのか、車ごと崖から転落してしまったのだ。岩に激突してフロントガラスが割れ、美しかった顔は左半分が完全に潰れて、右半分も傷だらけになっていたらしい。

中学校時代の学級委員から訃報を受けて事態を知ったSさんは、大層打ちひしがれて、

(こんなことになるなら、C子に「気をつけろ」と、ひと言でも知らせてあげれば良かった)

と、後悔した。

Sさんは、二度とあの道を通らないことにしているという。

箕輪城《みのわじょう》と木部姫《きべひめ》

旧群馬郡箕郷町《みさとまち》は平成の大合併で高崎市の一部となった。以前は田んぼや桑畑が多かったが、近年は住宅地がかなり増えた印象がある。それでも郊外には違いない。しかし、戦国時代には長野氏が築いた強大な箕輪城が存在した。

戦国時代の上野国《こうずけのくに》（現在の群馬県）には有力な大名がおらず、上杉、武田、北条の三氏が争う戦場に過ぎなかったとされている。私自身も、

「だから群馬の歴史はつまらない。ヒーローは南北朝時代の新田義貞《にったよしさだ》だけ。それも悲劇のヒーローだ。ましてや戦国時代になると、まったく面白くない」

と、公言してきた。

けれども最近、地元の歴史に詳しい方々と交流する機会ができて、箕輪城主の長野業政《ながのなりまさ》（業正）、業盛《なりもり》の父子は人気が高いことを知った。彼らも大名ではなく、国衆《くにしゅう》なのだが、父親の業政は近隣の国衆を統率して、上杉謙信の援軍があったとはいえ、武田信玄による上野侵攻を退けること四度（六度説もある）に及び、

「業政がいる限り、上野を攻め取ることはできぬ」

と、信玄を嘆かせたという。

だが、業政が七十一歳で病没すると、謙信の支援もなくなり、息子の業盛は武田軍に攻め込まれ、落城して弱冠十九歳（二十三歳説もある）で自刃している。

その後、箕輪城は城主や城代が何名も入れ替わったが、関ヶ原の戦いの前に徳川家康の家臣である井伊直政の居城となった。現存する箕輪城跡の遺構は、直政によって改造されたものである。もっとも、当時の箕輪は栄えていたが、徳川家康の命により、江戸に近い高崎へ城を移すことになった。箕輪城は廃城となり、意図的に破壊されている。

城下町も高崎へ移され、現在の高崎市街地の形成へと繋がってゆく。その一方で箕輪（現在の箕郷町）は僻地となってしまった。ただし、日本百名城に箕輪城と太田市の金山城は選ばれているが、高崎城は選ばれていない。箕輪城が立派な城だったことが想像できる。

さて、箕輪城には本丸の奥にある御前曲輪《ごぜんくるわ》に大きな古井戸があり、中から大量の墓石が発見されたことから、その周辺で怪異が起こるとの噂がある。箕輪城語り部の会の会員で、「高崎怪談会」にも出演して下さった歌手の吉田知絵美（文月輝夜《ふみづきかぐや》）さんに訊いてみたところ、

「ほかに誰もいないのに、人の声や足音が聞こえたことはあります。でも、その程度ですね」

と、事もなげに笑う。

私は吉田さんに案内してもらい、城跡を見学した際に、井戸や周辺の映像が欲しいと思った。このときはほかにも長野氏家臣の子孫に当たる方など、数名の同行者がいたので、皆に避《よ》けてもらい、スマートフォンのカメラで動画を撮影した。ところが、一度映像を確認して、翌日、再び見ようとすると、それがなくなっていた。皆に協力してもらっていたので、破棄するはずがないのだ。これには少々驚いたが、やはり小ネタである。

同じ日に吉田さんの案内で、なりもりぼえん（伝箕輪城主長野業盛の墓）にも行った。そこは箕輪城跡よりも南東の高崎市井出町にある。井野川沿いののどかな場所で、駐車場付きの墓地は綺麗に清掃されていた。しかし、甲斐の武田家に対して激烈な怨みを抱きながら自刃した長野業盛の墓には、幾つか怪談が伝わっているという。

一、墓地を撮影したところ、画面全体が血で染まったように真っ赤な写真が撮れた。カメラのレンズを手で塞いでしまうと、赤い写真が撮れることがあるが、そうではなかった。

二、〈見える人〉が行くと、頭痛に襲われ、気分が悪くなることがある。吉田さんもたまにあるそうだ。

三、昭和の戦時中、墓地内に防空壕を掘った人がいた。その人は爆撃を受けたわけでもないのに石が落ちてきて逃げ出せず、生き埋めになって死亡した、といわれている。

四、墓地は南西に向けて建てられている。甲斐（山梨県）の方角だ。ここに水を撒くための柄杓を置いておくと、独りでに南西を向いている。動かしても、必ず同じ方角を向いてしまう。武田氏は滅んだが、今でも甲斐への激しい怨念を発し続けているらしい。

五、墓石の上部にある丸い石が、外れて落ちたことがある。修復したところ、その作業をした人が重い病に罹ってしまった。

といったところで、体験談というよりも伝承か、〈田舎伝説〉に近い話が多いようだ。

とはいえ、これらの話は江戸時代の書物『耳嚢《みみぶくろ》』の「神祟なきとも難申事」に描かれている新田義興《にったよしおき》の祟りを連想させる。義興は太田市出身とされる新田義貞《にったよしさだ》の次男で、南北朝時代の南朝方の武将だったが、武蔵国多摩川の矢口渡（現在の東京都大田区矢口）で北朝方の謀略に嵌《は》められた。乗っていた船の底に穴を開けられ、川の両岸から夥《おびただ》しい数の矢を射掛けられる中、腹を切って「七度生まれ変わっても怨みを晴らさん！」と叫び、腸を引き摺り出して両岸へ向かって投げ、絶命したという。

江戸時代になって、その義興の墳墓に茂っていた薬草を採集した少年が、その夜、「よくも我が住まいの草を採ったな！　憎いことよ！」と狂ったように叫んで暴れ出した。驚駭《きょうがい》した家内の者たちが薬草を墳墓に戻すと、たちまち少年はおとなしくなった。激しい怨みを抱いて死んだ義興は、祟り神なので草を採っただけでも災いを齎す、という内容である。

なお、父親の新田義貞に関連した話は、私も既刊の『高崎怪談会　東国百奇譚』で「新田義貞の呪」を書いているので、未読の方は読んでいただけるとうれしい。

それはさておき、箕輪城の長野氏に話を戻そう。

長野業政の四女は高崎市木部町に居城を持つ木部範虎《きべのりとら》に嫁いだ。そのため木部姫と呼ばれているが、本名は伝わっていない。業政の死後に木部城は武田軍に攻め落とされ、範虎は箕輪城へ逃れる。だが、新たな当主となった長野業盛が武田軍に敗れて自刃すると、木部氏は武田氏の配下となる。木部範虎は、武田勝頼が自刃した天目山の戦いで戦死した。

妻の木部姫は早世している。箕輪城が武田軍に攻め立てられたときに榛名山へ逃れたが、落城の知らせを受けて「生き恥は晒すまい」と榛名湖に入水し、自死を遂げたという。実際にはこのとき木部範虎は死んでおらず、誤報だったのだが……。

木部姫は入水後に龍になったとも、大蛇になったとも語り伝えられている。一緒に入水した腰元はサワガニになったそうだ。それに纏わる話をしよう。

釣りを趣味にしている女性Lさんが、夫と榛名湖でボートに乗ってルアー釣りをしていたときのこと。近くでボートを漕いでいた観光客の男女が騒いでいる。何事かとそちらを眺めていると、男性が大きな声で言った。

「でっかい蛇が泳いでますよ！」

Lさんたちは興味を覚えてボートを近づけてみた。そして水中に目をやって、息を呑んだ。確かに、巨大な灰色の蛇が身をくねらせて泳いでいる。長さは三メートル余りもありそうで、胴は平均的な成人男性の太腿くらいの太さがあった。

「あっ！　ほんと！　あれ、何!?」

Lさんも夫も蛇は見慣れていたが、動物園で飼われている外国産の蛇を除けば、これほどの大蛇を目にするのは初めてであった。それにヤマカガシなどが水上を滑るように泳いで移動する光景はよく目にするけれども、長く潜水している姿は見たことがない。この大蛇は魚のように頭部を終始水中に潜らせていて、呼吸をしに浮上してくることはなかった。

攻撃してくる気配はないので観察していると、一分間ほど水面下でとぐろを巻くようにゆっくりと縦横に回転していた。それから深みへ潜ってゆき、姿を消した。榛名湖にはウナギが生息しており、外来魚も多いものの、鰭《ひれ》が見当たらず、魚ではないようだったという。

Lさんは、UMA（未確認動物）ではないか、と言うのだが、観光客が多く、最深部で水深十四メートル余りと、湖としてはさほど深くない榛名湖に、未知の巨大生物が生息しているとは思えない。また、海外には水中生活に適応したミズヘビ科の蛇がいるが、体長は大きな種でも一・五メートルほどなので、海外から持ち込まれた野良蛇でもなさそうである。木部姫が死後に変化した大蛇で、霊と考えるのが妥当なのかもしれない。

ほかにも「国定の家」「世界一の神社」に登場した女性Fさんが、こんな体験をしている。榛名湖では、群馬県内の多くの中学生が高原学校、もしくは林間学校として、湖畔の宿泊施設に寝泊まりする。Fさんもそうであった。昼間にはカッター(大型の手漕ぎボート)を生徒全員で漕ぐ授業が行われる。

その際にFさんは、中学校か高校の制服を着た少女たちの姿を目にしていた。七、八名はいて、ほとんどが湖畔のミズナラ林や草地の中に立っている。生気が感じられないので、生きた人間ではないことがわかった。自殺か事故で亡くなったのか、皆、無表情でぼんやりとしており、どこか寂しそうに見える。怖くはないので、気にしないようにしていた。

ただ、湖の中央付近に、沈むことなく佇む娘が一名いた。セーラー服を着ており、髪が長くて大人びて見えるので中学生ではなく、高校生らしい。真っ青な顔をしていて、眼光が鋭かった。激しく怒っているのか、殺気が漲《みなぎ》っていて、その娘だけは怖かったそうだ。

「あの子にだけは近づいちゃ駄目だと思いました。うちの子が林間学校へ行くときは、気をつけるように言わないと……」

とのことである。

確かに、榛名湖には女の姿をした山の神がいて、人間の女性を嫌っており、少しでも自殺願望のある女性が湖畔に近づくと、長い髪を巻きつけて水中に引き摺り込み、殺してしまう、という伝説もあるらしい。

前述した木部姫が何歳で入水したのか、記録がないので定かでないが、兄弟の長野業盛が十九歳で自刃していることから、妹だとすれば十代後半の娘だった可能性もあるだろう。

そして〈見える人たち〉の中には、『霊が見えるときは、まず気配を感じる。それを脳が映像化する感じ。だから霊が見えたからといって、本当にその姿をしているとは限らない』と自己分析する方々もいる。ひょっとすると、Fさんが、湖上の中央付近に佇んでいる、と証言したセーラー服姿の娘が、実は木部姫その人なのかもしれない。

参考文献 『耳嚢（中）』根岸鎮衛 著、長谷川強 校注（岩波文庫）
『長野業政と箕輪城』久保田順一 著（戎光祥出版）
『―ぐんま謎学の旅―民話と伝説の舞台』小暮淳 著（ライフケア群栄 ちいきしんぶん）

吾妻《あがつま》の温泉

群馬県で最も山と温泉が多い地域は北毛だが、わけても『上毛かるた』で「草津《くさつ》よいとこ薬の温泉《いでゆ》」「世のちり洗う四万温泉《しまおんせん》」と詠われている草津町の草津温泉や中之条町の四万温泉は、北毛の西部、吾妻郡にある。〈よ〉の札には入浴する裸婦が描かれていて、小学生にとっては刺激が強く、取るのが恥ずかしい札でもあった。

それはそうと、広大な面積を持つ吾妻郡は、全国的な人気がある有名温泉のほかにも、宿が少ない〈秘湯〉が数多く存在する。

前橋市に住む四十代の男性Aさんが、幼い頃のこと。

Aさんの伯父が吾妻郡の山奥にある某温泉に土地を買って別荘を建てた。そこは百メートルほどの道路沿いに十軒程度の小さな集落があるだけで、今では旅館が一軒しかない。〈秘湯〉の類いといって良いだろう。

共同風呂の温泉があって、集落の住民は誰でも入り放題なのだが、今では建物の戸が外れ、窓ガラスも割れており、湯だけが滾々《こんこん》と湧き続けている。源泉かけ流しなれど、廃墟に近い状態で入る人もほとんどいない。だが、昔はとても綺麗な建物だったという。

Aさんは家族と毎年ゴールデンウイークや夏休みに、伯父から別荘を借りて遊びに行くようになった。温泉に入って何泊かするのだが、集落の中を歩き回っても、人に出会うことは滅多にない。ましてや遊び相手になりそうな年の近い子供など、一人もいなかった。テレビも関東圏では珍しく、数チャンネルしか映らない。そこでいつも少年向けの漫画雑誌を買ってもらい、持参していたのだが、分厚い雑誌でも一日で読み終えてしまう。

退屈したAさんは虫捕りをやってみた。別荘の周りには草木が多く、蝶や蜻蛉《とんぼ》は幾らでも飛び回っていて、子供用の安価な捕虫網を振り回すだけで簡単に捕れたが、できればカブトムシやクワガタムシを捕ってみたかった。けれども、前橋の中心街で生まれ育った彼は悲しい哉《かな》、捕り方を知らない。

思えば以前、伯父の家族と別荘に集まったことがあって、従兄が木を蹴飛ばしてクワガタムシを捕っていた。その従兄も中学生になり、部活動に熱中して別荘には来なくなってしまった。Aさんは見よう見まねで手当たり次第に木を蹴ってみたが、何も落ちてこなかった。

面白くないので、虫捕りも小一時間でやめた。別荘へ行くこと自体は決して嫌ではなかったが、楽しい思い出は少なかったという。

Aさんが小学三年生の夏。

また別荘に連泊することになった。到着してまずは両親が部屋の掃除を始める。しばらく行かないと、テントウムシや小型の蛾などの死骸が床に沢山落ちているからだ。必ずそれらを掃除機で吸い取ってから泊まることになっていた。

両親が掃除をしている最中、Aさんが外へ出てみると、少年が一人、バラスが敷かれた小道でボール遊びをしていた。空高く投げたゴムボールを自分で捕球している。

「ねえねえ！　この村の子？　僕はそこの別荘に泊まりに来てるんだけど……」

「そうなんかい！　俺はこの近くにお祖母ちゃんの家があって、泊まりに来てるんだ！」

少年は満面に笑みを浮かべながら、明るい声で言った。Aさんよりも背が高くて、年上のようである。肌が日に焼けて浅黒く、大きな目を輝かせながら話しかけてきた。

「ちょうどいいや！　キャッチボールしないか？」

「うん！」

すぐに仲良くなった。キャッチボールをしたあと、虫捕りをしよう、という話になる。

少年はC君といい、小学五年生で自宅も吾妻郡内にあるらしい。日頃から自然の豊かな地域で暮らしているだけあって、虫捕りが上手かった。蝶や蜻蛉を手掴みで次々に捕ってしまう。

Aさんが泊まる別荘の裏手には雑木林が広がっており、舗装されていない林道が続いていた。その入口付近まで行くと、ヤナギやミズナラ、ハルニレなどの広葉樹が生えていて、カブトムシやクワガタムシが樹液を吸っていた。C君が幹を蹴れば、ミヤマクワガタやコクワガタが落ちてきた。脚《あし》の力が強くてなかなか落ちてこないカブトムシも、高い樹上にいるのを発見すると、長い落ち枝を拾ってきて棒として使い、軽く突《つつ》いて落とす。

「おおっ、すっげえ！」

感嘆するAさんに、C君は捕れた虫の半数を分けてくれた。

林道は森の奥まで続いている。この辺りはまだほんのとば口に過ぎない。奥まで行けば、さらに沢山捕れるかもしれない。それまでAさんは、林道の奥へは行ったことがなかった。熊でも出てきそうで怖かったからである。しかし、C君が一緒なら行けると思った。

「ねえ、もっと奥まで行こうよ！」

「いや、駄目だよ。俺は行がない」

初めてC君が表情を曇らせた。

「何で？」

「この森の奥には、お化けが出るんだ」

C君が語った話である。

これより一年前、C君が祖母の家に泊まりに来たときのこと。彼もやることがないのは同じで、単独で昆虫採集を始めた。紐が付いた虫籠を首から提げて、Aさんが泊まる別荘の裏手から森に入る。

このときは大変な数の虫が捕れた。カブトムシ、ミヤマクワガタ、コクワガタ、スジクワガタ、アカアシクワガタ、アオカナブン、ミヤマカミキリ、ルリボシカミキリ……さまざまな甲虫類でたちまち虫籠は満杯になった。

そこで一旦、祖母の家に帰ると、蓋が付いた段ボール箱を持ってきた。蓋にはキリで通気孔を開けてある。再び森に入った。緩い上り坂の一本道である。

林道沿いに生えている、これだ、と思った木を片っ端から蹴ってゆくと、また沢山の虫が捕れた。箱の中が虫で一杯になってゆく。子供の足だし、虫を捕りながらなので、進むのには時間を要する。林道の奥まで進んだといっても、実際には百メートル程度しか進んでいなかったはずだという。

(もう十分だなぁ)

一時間ほどでC君は飽きてきて、帰ろうと、来た道を引き返し始めた。帰り道は緩い下り坂だったが、急に両手で抱えていた段ボール箱が重たくなった気がした。虫たちが動くので、余計に重く感じられる。だが、何が何でも捕った虫を全部持ち帰りたい、と思っていた。

それから一時間以上も歩いた気がした。にも拘らず、林道はどこまでも続いていて、なかなか森から出ることができない。

（俺、こんなに歩いてきたんかな？）

C君は子供心にも不思議に思い始めていた。なおも休むことなく歩き続けたが、どうしても森から出ることができなかった。

（おっかしいな……。絶対におっかしいぞ）

不安になってくる。既に二時間ほど歩いた気がしてきた。

明らかに来たときよりも道が長い。何倍も長く感じられる。来たときは一本道で、分かれ道はなかった記憶が確かにあった。

（参ったなぁ！　えれえ《大変な》ことになったぞ……）

困り果てて身体も精神も疲弊していたが、早く森から抜け出したい一心で、我慢して歩き続けた。そのうちに林道の幅が広くなった平坦な場所に出た。

（あれ？　こんな所、あったんかや？）

そこから二手に分岐する道があった。分岐の手前に大きな角張った岩がある。平らで、長さは二メートル、高さは一・二メートルほどあり、地面に突き刺さるように立っていた。

そんな岩の上に一匹の猿が正座をしていた。ニホンザルだ。金色の煌《きら》びやかな着物を身に着け、烏帽子《えぼし》を被って、俯き加減で座っている。

田舎育ちのC君でも、猿とこれほど間近で対峙するのは初めてなので怯《ひる》んでしまった。

(うわあ……。ど、どうするべえか?)

噛みつかれやしないか、引っ掻かれるのではないか、とどぎまぎして、自然と目から涙が溢れ出す。片や猿は同じ姿勢のまま微動だにせず、こちらを見てもいなかった。

(ああ、あ……。どうしたら、いいんだんべえ《いいのだろう》?)

困惑に心が押し潰されそうになる。しかし、先へ進まなければ帰れない。

すると、猿が左側の道を指差した。俯き加減のままである。

「……そっちに、何があるんさぁ?」

声をかけてみたが、猿は無反応で、依然として視線を合わせようとしない。

左手にある道の先に目をやると、日当たりが悪い森の中に二階建ての大きな家が建っている。それは茅葺《かやぶ》き屋根の旧家であった。飯を煮炊きしているのか、香ばしい薫りがして、煙が立ち昇っている。廃屋ではないらしい。

(たぶん、こっちじゃないな)

理由はわからないが、何やら嫌な予感がした。猿が指差していないほうへ行くことに決め、岩を大きく迂回して右側の道へと進む。その途端、Aさんの伯父の別荘が見え、林道の出入り口に立っていたという。

「良かったあ！」

　C君は安堵したが、抱えていた段ボール箱がやけに軽くなっていることに気づいた。その場で開けてみると、いつしか中はすっかり空になっていた。

　蓋が付いている箱なので、それを開けない限り、中にいる虫たちが脱走することは不可能なのである。どこかで昼寝をして夢を見ていたのかな、とも思ったが、箱の中には虫たちが撒き散らした糞尿の染みが沢山残されていた。カブトムシの体臭も漂ってくる。

　振り返ってみると、景色が変わっていて、猿の姿はなく、大きな岩も消えていた。来るときに見た林道の景色に戻っている。

　尚且《なおか》つ不思議だったのは、祖母の家に帰ってこのできごとを話したところ、

「へえ！　猿回しの猿みたいだねえ！　そいだけど、ここいらに《この辺に》猿を飼ってる人はいないよ。そんな家も知らないし……。小さな村だから、何でもわかるはずなんだけどねえ」

　と、祖母は目を丸くして首を傾げたという。

「だから、俺は行ぎたくないんだよ。今度、あんな目に遭ったら、戻ってきらんない《こられない》んじゃないか、と思ってさぁ……」

そう語ったC君は、これまでとは別人のように暗鬱とした表情になっていた。

Aさんには、本当に怯えているように見えたそうだ。

「俺、今日はもう帰らあ」

と、C君が言い出したので、伯父の別荘の前で解散することになった。

「C君、明日もお祖母ちゃん家《ち》にいるん？」

「……」

「ねえ。いるなら明日も遊ぼうよ！」

「……うん。いいよ」

「またここで会おうね！　約束だよ！」

「ああ。また明日ね……」

お互いに手を振って別れたのだが、Aさんはあとから思うと、C君の影が急に薄くなったように感じられたという。

翌日、彼が訪ねてくることはなかった。Aさんは集落を見て回ったものの、C君の祖母の住まいがどの家なのかわからず、それきりになってしまった。

Aさんはその後も何度か伯父の別荘に泊まったが、C君と会うことは二度となかったそうである。

薗原湖《そのはらこ》には気をつけろ

薗原湖は北毛の沼田市利根町園原にある、片品川を塞き止めて造られたダム湖だ。オレンジ色の吊り橋があり、そこから飛び込み自殺をする人が多い、といわれている。この吊り橋は手摺りが低く、飛び込み防止用の高い柵も設けられてはいない。

昔、集落があった場所なので、夏場に水位が下がると、水底に沈んでいた墓石が露出することがある。それを見て気味悪がっていた人が、水難事故で亡くなったという。

さて、冬の北毛は雪が多く、スキー場も数多く存在する。高崎市在住で三十代の男性Wさんは、スキーやスノーボードが趣味で、利根郡片品村の尾瀬戸倉スキー場へ出かけた。帰路は国道一二〇号線を車で移動し、日帰り温泉に入ってゆくことにしたが、この道路沿いの温泉はスキー帰りの客で混雑している。そのため途中で左折して県道二六七号線に入り、静かな某温泉へ行くことにした。それには薗原湖沿いの道路を通らなければならない。

車はWさんが愛車のランドクルーザーを運転していた。同乗者は男友達四人である。車内は談笑で盛り上がっていた。午後六時頃、日没後の街灯がない真っ暗な道路を進むうちに、助手席に座っていたBさんが、ふいと黙り込んだ。

「どうしたい、B？　気分でも悪くなったか？」

Wさんの問いかけにBさんは無表情な顔をして「いや、別に……」とだけ答えた。

夜の暗幕に覆われて目にすることはできないが、車は薗原湖の岸辺を走っている。

やがて助手席のBさんが突如、ドアガラスを強く叩いた。

Wさんが「何だい？」と訊いても、Bさんは黙り込んでいる。

「ガラスが割れるから、やめてくれいな。割れたら弁償させっぞ」

Wさんは笑わせるつもりで冗談を言ったが、Bさんは笑わなかった。

街灯とコンクリートの巨大な壁が見えてきた。薗原ダムである。

トンネルがあって、そこに入ろうとしたとき、窓を閉めていたというのに、外から人の声らしき音が聞こえてきた。何と言ったのか、男の声か女の声かもわからない。だが、Wさんには確かに聞こえた。同時に両手が少し痺れて冷たくなってくる。

「今、人の声が聞こえなかった？」

後部座席の三人が「いいや」と否定した。Bさんは相変わらず黙り込んでいる。Wさんはやむを得ず、そのまま車を進めた。そこから温泉までは何も起こらなかった。

温泉を楽しみ、いよいよ高崎まで帰ることになったとき、Wさんは思案した。この道を前進すれば桐生方面へ抜けられるが、高崎まではひどく遠回りになってしまう。来た道を戻って早めに国道一二〇号線の椎坂バイパスに入るのが、一番の近道に思えた。Wさんは往路のことを思い出して嫌な予感がしたものの、仕方なく引き返し始めた。

薗原湖岸を走り始めると、またもや車外から人の声が聞こえてきたという。

「○、×、け、て……」「○、す、△、て……」「た、×、け、□……」

じきに薗原湖の中で最も〈出る〉といわれる、オレンジ色の吊り橋の近くまで来ると、

「助けてえっ！」

これまでと違って、大きく甲高い声がはっきりと聞こえた。明らかに女の声であった。

吊り橋の袂は道幅が少し広くなっている。Wさんは気になって、そこに車を停めた。

「なあ、みんなには女の声が聞こえてる？　助けて、って言ってるんだけどさぁ」

「いや、そんなん《の》聞こえねえよ」

後部座席の三人が異口同音に返事をした。助手席のBさんだけが黙っている。

(Bの奴、何か感じてらい《いる》な……)

と、察した次の瞬間――。

出し抜けに、女の姿が助手席のドアガラスのすぐ向こうに浮かび上がった。髪の長い、真っ青な顔をした妙齢の女であった。黒っぽい服を着て、全身びしょ濡れで、眼球が飛び出さ

んばかりに目を見開いている。外は真っ暗だというのに、なぜかその風貌が明瞭に見えた。

「うわあっ！」

Bさんを除いた四人が一斉に悲鳴を上げる。日没後に一人でこんな場所にいるのは、生身の女性とは思えない。Wさんはすぐさま車を発進させた。しかし、女は身体を横向きにして飛行しながら、車を追いかけてくる。Wさんの耳元では「助けてっ！　助けてっ！」という女の悲痛な叫び声が響き続けていた。

（いけねえ！　ついてきやがった！）

Wさんはアクセルを踏み込んで車の速度を上げた。それでも女は、大魚に密着するコバンザメのように車のドアガラスに触れたり、離れたりしながら宙を飛んで追いかけてくる。

「おい！　もっと急げよ！」

後部座席の一人が叫ぶ。五人全員が女の姿を目撃していたのだ。

国道一二〇号線の椎坂バイパスに入って、より速度を上げると、女は徐々に後方へ離れてゆき、やっと姿を消した。

「良かった！　いなくなったか！」

Wさんは溜め息を吐き、幾分気持ちが落ち着いたところでBさんに訊ねた。

「おまえさぁ、ずっと黙ってたのは、あの女のせいだったんかい？」

「うん。おまえ、あの状況でよく運転できたな」

Bさんが呆れたような、感心したような口振りで言った。

Wさんは元来、〈見える人〉なのだが、Bさんはそれ以上に〈よく見える人〉なのである。

「温泉に行くときから、助手席の窓にあの女が張りついて、車の中を覗いてたんだ」

「へえぇ。俺には見えなかった、最初はね。声が聞こえただけだったんだ」

「やっぱりそうか。窓を叩いたら、女頻りに一度はいなくなったんだけどな……」

Bさんが黙っていたのは、女がが頻りに「助けて」と話しかけてくるためであった。迂闊《うかつ》に答えれば、とり憑かれそうな相手に思えたのだという。

「あと少し逃げるのが遅かったら、車の中に入り込まれていたろうな」

そこまでBさんの話を聞いていたWさんは、唐突に「助けてっ！」という女の声を聞いた。今度は姿が見えないが、声だけが耳元で「助けてえっ！」と響き続けるようになった。

「俺にも聞こえる。駄目だな、これ。なっから《かなり》厄介なタイプだぞ」

Bさんが眉を顰《ひそ》める。

「どうしたらいい？」

「ちょっとさぁ、人が多い所に寄ろうや」

「人が多い所？　コンビニとか、ラーメン屋とか？」

「もっと人が多い所がいい」

「パチンコ屋ぐれえしかねえぞ」

「それでいい。十分だ」

Wさんはパチンコ店を見つけると、その駐車場に車を駐めた。Bさんに言われるがままに、車から降りて店内に入った。何をするわけでもなく、五人でただ店内を歩く。

しばらくしてBさんが「これでいい。もう大丈夫だ」と言ったので車へ戻った。

そのあと高崎市街地で食事をした。Wさんはすかさず Bさんに訊ねてみた。

「さっき、何でパチンコ屋に寄れ、って言ったんだい？」

「あの女をぶちゃってくる《捨ててくる》ためさ。人が大勢いる所には、そういう気《け》のある人が必ずいて、そっちのほうへ行ってくれるからな。店には申し訳ないけど、仕方がなかったんだ。おまえがあの女に気に入られたみたいで、危ないと思ったからさぁ」

Bさんによれば、薗原湖には古くからの死者が多くいて、新しい死者の足を引っ張り、抜け出せないようにしている、新しい死者は遺族や友人が薗原湖を訪れれば一緒に帰ることができるが、誰も来てくれない死者は湖から抜け出すべく、無関係な者に声をかけ、連れて帰ってもらおうとする、それでWさんが狙われたので、守るためにやったことだという。

ただし、パチンコ店とその客たちにとっては、迷惑千万な話に違いない。

利根沼田望郷ライン

北毛の利根郡にはかつて〈月夜野町〉という美しい町名の自治体が存在したが、平成の大合併でみなかみ町の一部となり、残念ながら消滅してしまった。旧月夜野地域は、利根川縁に縄文時代後期から晩期にかけての矢瀬遺跡があり、復元された住居を自由に見学できる。また、大峰山の古沼は関東随一のモリアオガエルの産卵地として保護されている。

さて、二十代の男性Iさんは、休日の昼間、愛車でドライブに出かけた。彼は結婚しているが、妻が妊娠して出産のため、実家へ里帰りしているので、妹を助手席に乗せていた。

みなかみ町後閑《ごかん》（旧月夜野町後閑）から〈利根沼田望郷ライン〉の一本に入り、道なりに東北の方角へ向かう。人家がほとんどなく、森林に囲まれた道路が続いている。五月中旬のことで広葉樹の新緑が美しい。気分良く車を走らせるうちに、沼田市佐山町へ抜ける長いトンネルが見えてきた。Iさんはそれまで車のドアガラスを開けていたが、自動ボタンを押してすべてのドアガラスを閉めた。

トンネルに入ってまもなく、車外から子供の声が聞こえてきた。キャッ、キャッ、と幼児が複数で遊んでいるような声である。目の前には暗いトンネルが続いているばかりだ。

そもそもドアガラスを閉めているので、少々の声なら聞こえないはずであった。

（気のせいかな？）

Iさんがそう思っていると、幼児たちの声が急に大きくなってきた。人数が増えたらしい。甲高い声で騒いでいる。だが、何と言っているのか、よく聞き取れない。やがて、

「ぎゃっ、ぎゃあっ！　ぎゃあああああっ！」

と、後部座席のほうから凄まじい悲鳴が聞こえてきた。車内に入ってきたらしい。

「お兄ちゃん！」

助手席に座っていた妹が、後ろを振り返りながら言う。

「ああ、わかってらあ！　俺にもさっきから聞こえてるよ！」

Iさんはどうすることもできず、我慢して車を進めることしかできなかった。

「おんぎゃあ！　おんぎゃあ！　おんぎゃあああっ！」

悲鳴から、より幼いと思われる赤子の泣き声に変わってきた。

Iさんと妹はしばし緊迫した時間を過ごしたが、トンネルから抜け出すと、幼児や赤子の悲鳴と泣き声は幻のようにやんでしまった。

Iさんはリンゴ園が広がる佐山町を通過して、武尊山《ほたかやま》が聳える川場村まで行くと、帰路はコースを変えて、先程のトンネルを通らずに帰った。帰宅後、妹が母親にこの体験を話した。

「へぇえ。おっかないことがあるんだねぇ」

母親は眉根を寄せて唸った。

後日、母親はこの話を外出先で同い年の女友達に語った。その女友達は「九尾の狐にとり憑かれた」と言い出したり、魔除けの塩を常に持ち歩いていたりするほど、怪奇な体験が豊富な人物であった。話を聞くうちに渋い顔をして、

「それ、良くないねぇ。息子さんが水子を連れて来ちゃってるかもしれないよ」

と、言い出した。そこで彼女を家に招いて、Iさんを見てもらったところ、

「やっぱり、憑いちゃってるね。御祓いを受けたほうがいいよ。もしかしたら、お嫁さんの赤ちゃんが駄目になるかもしれない。水子が焼き餅を焼くことがあるんだいね」

とのことであった。

母親の勧めもあって、Iさんは念のため、ある神社で御祓いを受けたが、

「そんなこと、本当にあるんかなぁ……」

さして信じていなかった。妹も同じで、御祓いを勧めた母親でさえ、「念のためさぁ」と笑っていて、半信半疑の様子だったという。

ところが、それから一週間後。

Iさんの妻の身に異変が起きた。妻が寝起きしていた実家の部屋には、少女の姿をした

日本人形が棚の上に置いてあった。その夜、妻は部屋の電灯を豆球だけ点けて眠っていた。午前三時頃にふと目を覚ますと、かの日本人形が等身大の大きさになり、出刃包丁を手にしてこちらに向かってくるのが、オレンジ色の薄明かりの中に浮かび上がった。そしていきなり出刃包丁を布団越しに、妻の臨月の腹に突き刺したのである。

「きゃああっ！」

妻は悲鳴を上げながら跳ね起きた。電灯を点けると、日本人形は棚の上にあり、出刃包丁も持ってはいなかった。刺されたはずの腹にも、布団にも、傷はない。

（夢だったのかしら……？）

妻は心を落ち着けようとしたが、同じ日の夕方、急激に気分が悪くなり、動けなくなった。病院へ運ばれたものの、本当に流産してしまったという。

これには一家全員、大きな衝撃を受けて、ひどく落胆した。〈利根沼田望郷ライン〉にどういうわけで幼児や赤子の霊が現れたのかは、わからないそうだ。ただ、Iさんと妹はどちらも怪異が起こるといわれる場所へ行くのが好きで、夜間によく薗原湖などへ出かけていた。二人はこの苦い体験から、曰く付きの場所へ遊びに行くのはやめることにした。

それ以来、Iさん一家は怪異に絡んだ凶事には遭遇していない。しかし、御祓いを勧めた母親の女友達は、以前に患った乳癌が再発して亡くなってしまったそうである。

谷川岳、死のザイル

世界一多くの死者を出した〈魔の山〉といえば、エベレストでもアイガーでもない。群馬県利根郡みなかみ町と新潟県南魚沼郡湯沢町との県境に聳える三国山脈、谷川連峰の谷川岳である。標高二〇〇〇メートル弱の、全国的に見れば低い山でありながら、断崖絶壁が連なる一ノ倉沢は天候の変化が激しく、遭難事故が発生しやすい。首都圏から近いため、訪れる登山者が多いことも、一時は死者の増加に繋がっていたようだ。

昨今はロッククライミング（岩登り）の技術が向上し、未熟な登山者による無謀な登攀《とうはん》も減ったことから、遭難死者数は年々減少しているのだが……。

これは堀内圭さんが体験者から聞いて提供して下さった話で、まだ滑落事故が多発していた一九七五年、秋のできごとである。

現在七十一歳の男性Nさんは、当時二十五歳。登山が趣味で、取り分けロッククライミングを好んでいた。まだボルダリングのようなスポーツ競技化された登山がなかった時代で、あくまでも命を賭けた〈無上の冒険〉として行っていたという。

Nさんは仲間と三名でチームを組み、いずれは一ノ倉沢の衝立岩《ついたていわ》と呼ばれる断崖絶壁の正面壁に挑みたいと思っていた。そこは突出した難所として有名で、当時はまだ登攀に成功した者が少なかった。自分たちに登れる技量があるのかどうか、わからないので、まずは試しに同じ衝立岩の北側にある別のルートを登ってみよう、ということになった。

九月のこと、Nさんのチームは早朝から登山を開始した。最年長のNさんがリーダーで、仲間は一つ年下のO君と、二つ年下のF君である。

岩だらけの急な斜面を登り続けて、木立の中を抜けると、断崖絶壁の取りつきに到達した。そこからは先頭を進むNさんが、ハンマーを振るって岩の割れ目にハーケンを打ち込む。そしてハーケンの頭にある穴にカラビナを取り付け、ザイルを繋いで登っていった。

だが、つい先程まで晴れ渡っていた空が、俄《にわか》に薄暗くなってきた。峰の上に灰色の雲が凄い速さで集まってくる。気温が急激に下がってきた。

その影響を受けたのか、二番手で登るF君の動きが、次第に鈍くなってきた。

「この先に、少し休める場所がある！　がんばれ！　行ぐぞ！」

途中で体力が尽きれば命を落とすことになる。Nさんは F君に何度も声をかけ、励ましながら登り続けた。そんなNさんも全身の筋肉を酷使して、疲れが蓄積していた。寒さと疲労に耐えながら、必死に登っていると――。

ブウン……。ブウン……。ブウン……。

左の方角から、奇妙な音が聞こえてきた。

ブウン……。ブウン……。ブウン……。ブウン……。

Nさんは動きを止めて左の方角を見やったが、オーバーハングと呼ばれる庇《ひさし》のように突き出た岩壁が屹立《きつりつ》しているばかりで、音を発しているものは発見できなかった。

(風の音かな？)

そう思っていると、七メートルほど下から登ってくるF君が「あれは……？」と呟いてから、叫んだ。

「Nさん！　あっちにザイルがぶら下がってるんですけどっ！　今日、俺たちのほかには、誰も登っていませんよねっ⁉」

四十メートルほど左、オーバーハングの下に赤いザイルの一部が見え、それが鞭《むち》を打つように宙を舞って、ブウン、ブウン……と音を立てているのだという。

「下から見たときゃあ、誰もいなかったいな！　人がいりゃあ、わかるだんべえが《だろうが》！」

「じゃあ、残置《ざんち》のザイルですかねえ⁉」

「いや、ザイルなんて、俺にゃあ見《め》えねえぞ！」

そこで最後尾のO君も口を挿《はさ》んできた。

「なあ、F！　風の音じゃねんきゃあ《じゃないのか》⁉」

O君にもザイルは見えず、Nさんと同じことを考えたようである。

「そうなんですかねえ⁉」

「とにかく、ハア《もう》、半分以上は登った！　いまちっと《あと少しばかり》んべえの辛抱だ！　がんばるべえ！」

Nさんは二名を励まし、自らの士気も鼓舞した。

そしてまた登り始めて、ほどなくのことである。

遠くのほうから忽然と、

ドオオン！

という轟音が響いた。続いて、

パアン！

今度はやや近くで、何かが弾ける音がした。

ドオオン！　下のほうから再び轟音が聞こえたかと思うと、その直後に四十メートルほど左手のほうから、パアン！　という音がまた響いた。岩壁に何かが炸裂している。

(大変だ！　落石か？)

Nさんは慌てて絶壁の上のほうを見やった。けれども、石が落ちてくる気配はない。

「おうい！　下はどうだあ⁉」

二名に声をかけた。

「大丈夫です！」

間髪《かんはつ》を容《い》れず、O君から大声で返事があった。

「Fはどうだや⁉」

「俺も大丈夫です！」

またもや轟音が聞こえた。

「あの音、聞こえるかあ⁉」

「聞こえますう！」

二名が同時に同じことを答える。

「落石だんべえか《だろうか》⁉」

殿《しんがり》のO君が叫ぶ。

「いいえ！　落石じゃないみたいです！　このまま登り続けて下さい！」

その直後であった。響いてくる音が変わった。

ダダダダダッ！　ダダダダダダッ！　ダダダダダダダダダダッ！　ダダダダダダダダダッ！

ダアン！　ダアン！　ダアン！　ダアン！　ダアン！　ダアン！　ダアン！　ダアン！

連続で爆音が響いてくる。その音はNさんに、戦争映画や刑事ドラマを観たときに聞いたマシンガンやライフル銃の射撃音を連想させた。

（あれは、銃声だいな！　まさか俺たち、銃で狙われてるのか？）

またしても数十メートル左横のほうから、パンパンパン！　パアン！　パアン！　パアン！　と炸裂音が上がる。弾丸が岩を削り、あるいは弾き返された音であろう。

（疲れ過ぎて、幻聴が聞こえるようになったんかな？）

それにしては、嫌にはっきりと聞こえる。仲間二名も「あの音、銃声ですよねえ!?」と騒ぎ出した。同じ音が聞こえているのであろう。

銃声の数からして、相手は大勢いるらしい。どんな集団から、いかなる理由で狙われているのか不明だが、このままでは撃ち殺されてしまう。

「おい！　急ぐぞ！」

早くここから逃げなければ、と死に物狂いで登ってゆく。とはいえ、焦れば滑落する恐れもある。急ごうとはしていたものの、実際には速度を上げることができなかった。いつ撃たれるのかと、怯えながらひたすら登攀を続けた。

このときはクロモリと呼ばれる硬質のハーケンを使っていた。これは軟鉄製の柔らかいハーケンと違って再使用ができる。本来ならば最後尾のO君が回収することになっていた。だが、三名とも周章狼狽《しゅうしょうろうばい》していたので、ハーケンを置き去りにせざるを得なかったという。

それでも、どうにか三名は断崖絶壁の頂上まで無事に到達することができた。頂上に立つと、笹が生えた場所がある。そこから見下ろしてみたが、狙撃手たちの姿は見当たらなかったし、宙を舞うザイルもなかった。今度はF君にもザイルは見えなかったそうだ。

「ああ、俺たち、生きてるんだなあ！」

「助かりましたねえ！」

「本当に良かったです！」

三名は登頂に成功したことよりも、まずは射殺されなかったことを喜び合った。

それから煙草を吸って休息し、体力を回復させると、無事に下山できたという。

（あれは何だったんだんべえ《だろう》？）

帰路、車の中で心が落ち着いてからNさんは考えた。思い浮かんだことがある。

これより十五年前の、一九六〇年（昭和三十五年）九月十九日。神奈川県横浜市の山岳会に所属する若い男性登山者二名が衝立岩正面壁の登攀に挑んだが、滑落した。二名はザイルで繋がれたまま、断崖絶壁の中途で宙吊りになってしまった。

警察が彼らの死亡を確認したことから、救助作業は遺体の収容作業へと変更されたが、北群難所中の難所だけに、どうすることもできない。そこで自衛隊に出動要請が行われ、馬郡榛東村にある陸上自衛隊相馬原駐屯地から狙撃部隊が派遣された。九月二十四日の朝から十五名の狙撃手が軽機関銃、ライフル銃、カービン銃でザイルを射撃し、切断して遺体を落下させることになった。それ以外に方法がなかったのである。

一四〇メートルも離れた位置から細いザイルを撃ち抜く作業は、射撃の名手たちでも困難を極め、二時間かかっても命中しなかった。午後になって射撃を行う場所を変え、四十分ほどかかって、ようやくザイルの切断に成功した。翌日、二名の遺体は山岳会の仲間たちによって収容されたが、実に一三〇〇発もの弾丸を費やしたといわれている。

後年、Nさんは登山仲間から、こんな話も聞いた。

『一ノ倉沢でロッククライミングに挑んだときに、衝立岩のほうから女性の悲鳴と大きなものが落下したような音が聞こえた。そちらを見ても人の姿は確認できなかったので、登頂後に様子を見に行ったが、誰もいなかった。過去に滑落死した女性の声だったらしい』

結局、Nさんが再び衝立岩に登ることはなかったという。

参考文献　『この山にねがいをこめて　～谷川岳警備隊員の手記』群馬県警察本部 編（二見書房）
『上毛新聞　一九六〇年九月二十五日　朝刊』

マタンゴの森

堀内圭さんが六十代の知人から聞いてきて、提供して下さった話である。

桐生市で生まれ育ったその男性は子供の頃、皆からケン坊と呼ばれていた。近所に住む同い年の少年ノリちゃん、タッちゃんと仲が良く、いつも一緒に遊んでいた。

昭和四十五年、小学五年生の秋のこと。当時の子供たちは、川で魚やザリガニを捕ったり、神社の境内で缶蹴りや虫捕りをしたりと、外で遊ぶことが多かった。

ある日、隣に住む中学生の少年ヒデキが「よう、ケン坊」と話しかけてきた。

「国鉄の桐生駅の近くにナラの森があるんだ。そこにマタンゴが出るんだぜ」

ナラの森は知らなかったが、国鉄桐生駅（現在のＪＲ桐生駅）なら、ケン坊も両親に連れられて行ったことがある。『マタンゴ』とは、東宝の『ゴジラ』シリーズで知られる本多猪四郎が監督、『ゴジラ』や『ウルトラマン』などでお馴染みの円谷英二が特技監督を務めた特撮ホラー映画と、その作品に登場するキノコ人間のことだ。ケン坊は笑った。

「嘘だぁ。そんなん、本当にいるわけないじゃん」

「いや、いるんだよう。本当なんだで」

ヒデキが真顔で言うので、その話を信じたケン坊は、翌日、仲間二人にこの話をした。

「駅の近くにナラの森があって、マタンゴがいるんだってさ。明日、見に行がねえ？」

ノリちゃんは喜んだ。彼は映画を観たことがあって、

「面白げだな！　マタンゴは動きが鈍《にぶ》いから、追っかけられたって捕まるわけねえよ。行ぐべえや！」

と、乗り気だったが、タッちゃんは難しい顔をして黙っていた。彼は身体が大きくて腕っ節が強いのだが、とにかく気が弱いのだ。しかし、相撲を取れば学年で一番強いほどなので、同行してくれれば心強い。二人で説得して、タッちゃんも何とか仲間に引き込んだ。

翌日は土曜日であった。当時の小学校では午前中だけ授業が行われる〈半ドン〉の日だったので、三人は学校から帰ると、昼食を食べてから集合した。まず行きつけの駄菓子屋へ行き、ケン坊とタッちゃんは駄菓子だけを買ったが、ノリちゃんはパチンコも買った。

「マタンゴなんか、これでやっつけてやらい《やるよ》！」

ゴムを引っ張って、撃つまねをしてみせる。三人の中では一番小柄なのだが、自信満々だ。

店を出た三人は地元の町から五、六キロ離れた桐生駅まで自転車を漕いだ。昨今の子供たちとは違って、十キロくらい離れた場所なら自転車で行ける。午後二時頃には桐生駅に到着すると、近くにナラの森がないか、探索を始めた。それは容易《たやす》く見つかった。平坦な

広い土地に古めかしい建物があり、周りに森が広がっている。実際にはナラだけでなく、クヌギやニセアカシアも混ざった雑木の森であった。ノリちゃんが感嘆の声を漏らす。

「へぇえ！　こんな森が街ん中にあるなんて、全然知らなかったぜ！」

三人とも疲れてはいたが、帰りが遅くなるといけないので、早くマタンゴを探すことにした。ノリちゃんはパチンコを手にして臨戦態勢に入っている。

三人は自転車を建物の前に駐めて、森に足を踏み入れた。奥へ進んでゆくと、笹が茂る薮になっていた。笹を掻き分けながら前進し、二時間も探し回ったが、マタンゴは発見できなかった。太陽が西の空を下降してゆき、森の中は薄暗くなってきた。秋だけに日没が早い。厚着をしてきたので寒くはないが、空気が冷え冷えとしてきたのが感じられた。

「いねえなぁ。ハア《もう》、帰《けえ》るんべえかぁ」

ケン坊は二人に声をかけた。だが、ノリちゃんはそれに答えず。

「何か聞こえるぞ」

確かに、近くから歌声が聞こえてくる。寂しげな子供の声であった。昔の童謡のようで聴き覚えがある曲なのだが、ケン坊には曲名がわからなかった。

「あれ、ほんとだ。誰かが歌を唄ってらあ」

「他の学校の奴が、俺たちみたくマタンゴを捜しに来てるんかなぁ？」

「じゃあ、友達になるべえか」

それまでおとなしかったタッちゃんが、にっこりと笑う。

三人は声が聞こえてくるほうへ進んだ。けれども、その辺りには誰もいない。

銘々《めいめい》が少しずつ離れて歩き回っていると、不意にタッちゃんが自分の足元を見て、

「うおっ、わああっ!!」

と、魂消《たまぎ》るほどの大声を放ちながら、後ろへ飛び退いた。

「どうしたっ!?」

ケン坊とノリちゃんは同時に同じことを言いながら、そこへ駆けつけた。

「うう……。あそこ……」

タッちゃんが震えながら地面の近くを指差している。

ケン坊とノリちゃんはそちらに目をやって、唸ってしまった。

何と、木の根元に縦穴があって、その中から裸の子供が上半身を突き出していた。真っ白な肌をした、四、五歳の男児らしい。顔をやや上に向けて、無表情で口を力なく開閉させている。か細い声で童謡を唄い続けていた。

おまけに、頭の形がおかしい。脳天が陥没して大きな穴が開いている。映画のマタンゴとは似ていないが、地面から生え出ているようで、キノコ人間を思わせる様形《さまかたち》であった。

下半身を地中に埋めた男児は、両目をぐりぐりと左右に動かし始めた。ところが、目の焦点が合っておらず、どこを見ているのか定かでない。頭蓋が凹んでいるので河童の子供のようにも見える。薄暗い森の中に日没直前の残照が差し込んできた。

男児の姿が真っ赤に輝く。と、その首が前方に落下した。

地面に転がった生首は、脳の大部分が失われ、脳髄が丸見えになっている。それでもなお、口を開閉させて童謡を歌い続けていた。

「うおおっ!!　な、な、何なんだよう、あれはっ!?」

タッちゃんはすっかり取り乱して、地面に座り込んでしまう。

ケン坊は慌ててタッちゃんの脇を掴み、立ち上がらせようとしたが、タッちゃんは茫然自失の体で腰を抜かしていた。身体が重い彼を立ち上がらせるのは、容易なことではない。

ノリちゃんに目をやると、立ち竦んでいて、パチンコを撃つ素振りは見られなかった。

「タッちゃん、行ぐぞ！　逃げるんだ！」

ケン坊はタッちゃんに大声をかけた。それでタッちゃんも我に返ったらしい。「う、うん！」と頷いて立ち上がった。ノリちゃんも反応して、三人一斉にその場から逃げ出す。

すると、森の中のあちこちから、大勢の白い人々が姿を現した。

白いといっても半身が焼け焦げている者や、半身が腐って肉がぐずぐずに崩れた者がいる。立っている者もいれば、倒れている者、縦穴から上半身を出している者などがいた。経帷子《きょうかたびら》を着ている者、ぼろぼろの布切れを身体に巻きつけただけの者、全裸の者——老人や老婆が多いが、若い男女や子供の姿もあった。

子供たちは皆、脳天が陥没している。首が失われた者も多かった。

「ぼ、僕たち、こ、こ、殺されちゃうんかなあ⁉」

タッちゃんが半泣きになっている。ケン坊はその腕を掴んで勇気づけた。

「急いで！　早くここから出るべえ！」

やっとのことで森から脱出することができた。建物の前に駐輪していた自転車へ駆け戻る。しかし、まだ安心することはできなかった。森のほうから、何と言っているのか聞き取れない話し声や、歌を唄う声、あるいは誦経《ずきょう》の声まで聞こえてくる。

三人は必死に自転車のペダルを漕いで逃げた。日が暮れて真っ暗になった道を、無我夢中で走って帰る。何とか無事に地元の町まで戻ってくることができて、解散した。ケン坊は家に入ると、穿いていたズボンに幾つか穴が空いており、両手や顔にも細かい傷を負っていたことに気づいた。森の中から逃げ出す際に、木や笹の下枝が刺さったらしい。

「おまえ、何してきたんだい？　ズボンは破れてるし、傷だらけになって……」

母親が目を吊り上げて訊いてきた。

「神社の境内でかけっこをしてて、転んじゃったんさぁ」

ケン坊は嘘を吐いてごまかそうとした。危険な場所へ行ったことがばれれば叱られると思ったからである。

「本当なん？　喧嘩でもしたんじゃないんかい？」

ケン坊はどこまでも否定して、一旦は上手くいったかと思ったが、一時間ほどしてタッちゃんの母親から電話がかかってきた。電話に出たのは、ケン坊の母親である。

「うちの子がさぁ、遊びに行って帰ってきてっから、ガタガタ震えててさぁ。風邪を引いたんかと思って寝かせたんだけど、脂汗をかいて魘されてたんだいね。熱はないけど、様子がおっかしんで《おかしいので》、何があったんだが《あったのか》な、訊いてみたらさぁ……」

タッちゃんは、初めこそ黙っていたが、そのうちに事実を打ち明けた。両親に怒られるので口裏を合わせて三人だけの秘密にしておくはずだったが、そこはまだ小学生である。

「おまえ、そんな所へ行ったんかい？」

ケン坊は再び母親から問い詰められ、観念して打ち明けた。

「駅のそばにある森にさぁ、探検に行ったんだよ。ヒデキちゃんが、マタンゴがいるって教えてくれたから。そうしたら、お化けが大勢出てきたんで、逃げてきたんだ」

母親の顔がたちどころに青ざめていった。険しい表情で黙り込んでしまう。

やがて父親が仕事から帰ってきた。母親が経緯を告げると、父親の顔色も変わった。

「おい、ケン坊、ちょっと来い」

戦前生まれの男性である。父親はケン坊の頭をいきなり拳骨で一発、殴りつけた。

「馬っ鹿野郎《バッキャーロー》めっ！　何でそんな所へ行ったんだやっ！」

ケン坊は泣いて謝った。何やら尋常でない事情があるらしい。

翌日、三家族の両親たちが相談し、そろって近所にある菩提寺で護摩焚きを受けた。

護摩焚きが終わると、住職はケン坊、ノリちゃん、タッちゃんに向かって微笑みながら、

「もう大丈夫だよ。そいだけど、その森には二度と行っちゃ駄目だよ」

と、優しく言った。

「はい。もう行ぎません。あんなおっかない思い、二度としたくないもの」

ケン坊が反省の言葉を述べると、あとの二人も大きく頷いた。

それきり三家族には何も起きなかったのだが……。

数年後、中学生になったケン坊は、別の用事で家族と桐生駅方面へ出かけた。昼間のことだったし、父親が運転する車に乗っていたのに、マタンゴのことを思い出して怖気《おじけ》づいてしまう。だが、記憶に残る界隈を通過しても、雑木の森はどこにもなかった。

「変だなぁ……。マタンゴがいた森は、どうなったんだんべえ？」

ケン坊がそう呟くと、

「そんなもん、とっくからねえんだ《とうの昔からないのだ》」

と、父親がこんな話をしてくれた。

昭和八年。当時の桐生駅周辺はうら寂しい場所で、新川と呼ばれるドブ川の近くに私営の火葬場があった。それがこの年の四月から桐生市が管理する火葬場となり、以前からそこで働いていた作業員たちは、仕事の引き継ぎをして退職させられることになった。その中にMという四十五歳の男がいた。

現在の斎場では最新の設備で一時間半から二時間で遺体を焼き切ることができるが、当時は竈《かまど》の中に薪を積み上げ、一夜かけて焼いていた。遺族は翌日に遺骨を引き取りに来る。

Mは遺体から金歯や宝飾品を盗み取り、遺体を半分ほど焼くと火葬場の敷地内や周辺に埋めていた。働かずに賃金やチップを着服し、火葬場側が負担するはずの薪代を浮かせていたのである。遺族たちには、予め焼いておいた一体分の遺骨を数家族に分配していた。鶏の骨を混ぜて渡したこともあったらしい。幼児の骨壺に、なぜか同じ頃に亡くなった老人の形見である煙管《きせる》が入っていたため、遺族が不審に思ったこともあったそうだ。

また、昔の日本では梅毒や淋病などの性病は、人間の脳を黒焼きにして食べれば治る、と信じられていた。もちろん、古い迷信なのだが、Mはそんな相手に脳を売っていた。遺体の首を切断し、頭を薪割り斧で叩き割って取り出したものである。

こうして儲けた金で、Mは夜な夜な派手に遊んでいたという。

一連の事件が発覚したのは、この辺りを遊び場にしていた子供が犬を連れて遊びに来たときに、火葬場近くの土手から犬が遺体を引っ張り出して、大騒ぎになったからだ。

火葬場自体は一五〇坪しかなかったものの、周りには雑木が茂った広い空き地があり、一帯に埋められていた遺体の数は一五七体（二六六体や、一五七〇体以上との記録もある。大きな数の差は誤報か、散乱した遺体の一部まで一体と数えたためかもしれない）に及び、中でも子供の遺体が二十体も発見された。Mには内縁の妻がおり、二人で養育費目当てに子供たちを養子にして、次々に殺害していたのではないか、との疑いもかけられたが、警察が調べた結果、解剖が可能だった子供は全員病死で、「もらい子殺人ではない」とされた。この事件には、火葬場の元経営者や他の作業員もMに協力していたことが判明している。

Mたちは逮捕され、ときの市長は責任を取って辞任した。火葬場は幾許《いくばく》もなくして閉鎖となり、翌年には別の場所に新設されている。雑木の森がいつ頃に伐採されたのかは不明だが、昭和四十年代前半には既になくなっていた。

当然のことながら、父親はすべてこの通りに語ったわけではない。思春期の息子には刺激が強過ぎると考えたのであろう、言葉を選びながら、掻い摘んであっさりと語ったのだが、それでもケン坊は震え上がった。そして雑木の森が現存していなかったことを不可解に思ったケン坊は、後日、往来でヒデキと出会ったときに「何であん《の》とき、駅の近くにナラの森があるなんて言ったんさぁ？」と訊いてみた。ところが、ヒデキは否定した。

「俺が？　そんなこと言ったかや？　てんで覚えがねえんだけど……」

彼は唖然とした表情で、本当に何も知らないようであった。

ケン坊はひと月ほどの間、よく眠れなくなり、それ以来、慎重な性格になったという。

最後に、現在の桐生市斎場はまた別の場所に移転しており、阿漕《あこぎ》なことをする職員はいないことを付記しておきたい。

参考資料　『マタンゴ』本多猪四郎 監督、円谷英二　特技監督、製作配給 東宝
参考文献　『桐生の今昔』前原悠一郎 著（桐生市役所）
『新警察風土記』白石盛男 編集発行（群馬県警察本部）
『あすへの遺産　明治・大正・昭和を語る』桐生市老人クラブ連合会　文集づくり編集委員会
『群馬県警察史 第二巻』群馬県警察史編さん委員会 編　群馬県警察本部
『新聞集成昭和編年史　八年度版』大正昭和編年史刊行会

呪われた男

『上毛かるた』の〈つ〉の札は「つる舞う形の群馬県」である。札の数は四十四枚で、偶数のため、稀に引き分けとなることがある。その場合、この札を獲得していたほうが〈引き分け勝者扱い〉とされる〈つ勝ち〉というルールがある。

そんな鶴の心臓部に当たるのが県庁所在地の前橋市だ。県外の方々はなぜか〈ま**エ**ばし〉と、〈え〉の音を上げて発音するが、群馬県内では本来、〈まえばし〉とまっすぐに発音するのが常であった。高齢者の中には〈まいばし〉と発音する方もいる。

群馬県の玄関口である高崎駅周辺などで〈ま**エ**ばし〉と発音する方がいたら、旅行者か、県外からの移住者である確率が高い。

閑話休題、前橋市内での話である。

当時、三十代の後半だった男性Oさんは、父親が経営する町工場で専務として働いていた。父親は職人を三名雇っていて、その中にXという四十代半ばの男性がいた。Xは毎日、妻が作った弁当を持参していたが、あるときからコンビニ弁当ばかり持ってくるようになった。

「Xさん、最近、愛妻弁当はどうしたんですか？」

と、Oさんが笑顔で訊いてみると、Xの妻は肝炎に罹り、病院へ通っているが、なかなか良くならず、ノイローゼ気味なのだという。

「そりゃあ大変ですね。フォローしてあげないと……」

「そんなこと、やっちゃいらんねえよ！　俺が仕事を休んだら、若社長、あんただって困るでしょう！」

Xは職人としての腕は良いのだが、他の職人たちとも馬が合わないようであった。

それから何日かして、Xが一時間ほど遅刻してきた。Oさんがやんわりと理由を訊ねると、常日頃からそんな調子で口が悪く、態度が粗暴なことから、

「おっかあがいなくなっちまったんで、ちっと捜しててね」

と、苦い表情を浮かべながら答えた。おっかあ、とは母親ではなく、妻のことである。

「今朝、俺が起きたときにゃあ、ハア、車ごといなくなってたんだいね」

Oさんと社長である父親は顔を見合わせた。行き先を告げずに車に乗って出かけたとなると、家出をした可能性が高い。

「Xさん、それはまずいですよ。早く見《め》っけないと……」

「そうだよ。今日は休んでいいから、見《め》っかるまで捜したほうがいい」

と、父親も心配そうに言った。

「どこか行き先に思い当たる所はないんですか？」

「おらあ知らねえよ。気にしねえで下さい。そのうち帰《けえ》ってくるだんべえから！」

Xは妻を捜そうとせず、いつも通りに仕事を始めた。

昼過ぎになってOさんはふと、以前にXが話していたことを思い出した。

それは北毛の風光明媚《めいび》な滝へ家族で遊びに行ったときに、「いい所ねえ！　また来たいよねえ！」と妻がとても喜んでいた、という話である。Oさんは嫌な予感を覚えた。

（まさか、そこに行ったんじゃあ……？　そうだとすれば、滝に飛び込んで……）

だが、不吉な話だし、Xが捜しに行こうとしないので、Oさんは黙っているほかなかった。

（いや、考え過ぎだな。きっと無事に戻ってくるだろう）

取り越し苦労で終わることに期待していたが、嫌な予感は的中した。

翌日、Xの妻はその滝壺から遺体となって発見された。ノイローゼが悪化していた上に、Xから冷たくされて自殺したのである。車の中から遺書も見つかった。大騒ぎになり、Oさんと父親は連れ合いを失ったXのことを心配したのだが、当のXは妻の四十九日が終わると、「別の仕事がやりたくなったんで」と言い出し、退職してしまった。

それから二年後。Oさんは実家の敷地内に自宅を建て、父親が隠居すると、町工場の新社長となった。そして、さらに数年が経過した頃のこと。

Oさんが工場にいると、注文していた資材を運送会社の社員が配達しに来た。中年の男性で、Oさんの顔を繁々《しげしげ》と見ながら、こう訊ねてきた。

「あのう、こちらの社長さんですか？」

「ええ、そうですが……。何か？」

「前に、こちらでXという者が働いていませんでしたか？」

「ああ、Xさん。いましたよ」

「私は、Xの弟なんです。……兄が御迷惑をおかけしたことでしょうね」

この男、いきなり何を言い出すのか、とOさんが訝しく思っていると、

「兄は、子供の頃から性格に問題があって、私や親戚とも仲が良くないんです。嫁さんは自殺しちゃったし、二十歳の娘と十八の息子がいますが、どっちも頭がおかしくなっちゃいました。あの家、呪われてるんですよ」

現在、Xは工事現場で作業員として働いているという。Xの弟はZといい、この日はそれしか話さなかったが、以後、たまに資材を運んでくるようになった。Oさんは仕事がさほど忙しくないときは、彼にお茶を勧めることにした。Xがどうしているのか、気になっていたこともある。それで数回にわたって、次に述べる話を聞き出した。

子供の頃、XとZの生家の近所にはヤクザの息子が住んでいて、悪さばかりしていたそうだ。Xは同い年のその少年と仲良くなったことから、影響を受けて素行が悪くなった。自宅の置物を壊したり、Zや末っ子の妹をいじめたりする。

彼らの父親は厳格で怒りっぽい性格だったので、Xを屡々《しばしば》激しく叱りつけ、殴ることも多かった。するとXは、父親の前では泣いて謝るのだが、Zや妹に対して余計に辛く当たるようになった。Zは眠っているときにXから首を絞められたり、何の前触れもなく木綿針で胸や脇腹を刺されたりして、何度も殺されるのではないか、と思ったという。身を守るには両親や同居していた祖母に言いつけるしかなかった。

そのことで父親はまた激しく怒り、Xが「もう絶対にしません」と謝るまで殴りつけた。さすがに懲りたのか、Xは家の中ではおとなしくなったが、今度は学校や街で悪事を重ねるようになった。ヤクザの息子と玩具店や文房具店で万引きをして補導される。自分よりも弱そうな少年をいじめる。

Xはとくに小学五年生から同じクラスになった、Qという少年に目をつけた。理由はXが一重瞼でのっぺり顔なのに、Qは二重瞼で凹凸のある顔をしていて、気に入らなかったからだ。XはQを毎日、執拗《しつよう》にいじめた。背後から近づき、矢庭に耳や頬を殴りつける。Qが新品の衣服を着てくると、靴の裏で何度も蹴って汚す。顔や頭に唾を吐きかける。下校前にランドセルや靴を隠して帰れなくさせる。新品の消しゴムやシャープペンシルを投げ捨てる。

Qは父親と死別し、母子家庭で育っていた。母親を困らせたくない一心で、いじめを受けていることを母親や教師には相談せずに我慢していたらしい。それを良いことにXは徹底的にQをいたぶり続けた。トイレに監禁し、汚物を付着させたタワシを衣服や顔にくっつけたり、ひどいときには脅してタワシを口の中に突っ込んだりもした。

Qは登校してこなくなった。それを知ったXは、朝の登校前にわざわざQの家まで行き、

「Q、学校をさぼるなあ！　Qは学校をさぼってまぁす！」

と、近所に聞こえるように大声で叫ぶ。

Qの母親は朝早くから仕事に出かけていて、家にはQしかいないことを知っていたから、Xはさまざまな嫌がらせをした。家のドアに唾を吐きかけたり、窓ガラスが割れない程度に小さな石を投げつけたりした上、『Qは万引きをしました』と嘘を書いた紙を貼りつけた。

「やめてくれよ！」

Qが堪らず顔を出すと、無理矢理引き摺り出して学校へ連れてゆく。

おまけにQから、わずかながらの小遣いを巻き上げるようになった。

苛烈ないじめは三年余りも続いた。中学校へ進学してからもXは、他の不良少年たちと

一緒になって、Qをいじめ続けた。既にXは気が狂っていた。Qをいじめることに生き甲斐を感じ、いじめなければ精神が落ち着かない。

むしゃくしゃすると、不良仲間と結託して、Qと他の弱い少年を取り囲み、殴り合いをするように命じた。Qたちは平和主義者なので人を殴ることができない。そこで、

「やらなきゃ許さねえからな。動けねえようにしてやるでえ！」

と、何発か殴って脅した。そして二人が嫌々殴り合う姿を見て嘲笑し、楽しんだ。

とても我慢できなかったのであろう、中学二年生の一学期にQは自殺してしまった。六月十四日のことである。Qは自宅の近くにあるビルの屋上から飛び降りたのだが、その前にXの両親宛てに長い手紙を送ってきていた。

『Xのお父さん、お母さんへ。

僕は毎日三年間、あなたの息子からいじめられてきました。だから死にます。

(凄まじいいじめの内容が詳細に書いてあったらしいが、省略)

ここからはX、おまえに書く。

僕は死ぬけど、X、おまえを絶対に許さない！　この命と引き換えに強力な呪いをかけた。おまえは僕よりもずっと苦しんで、ひどい死に方をする。必ずそうなる！　おまえだけじゃなく、おまえの家族や子孫もみんな地獄の苦しみを味わって死ぬ！　僕が永遠に呪

って、ぶっ殺してやる！　どいつもこいつも、みんなみんな、ぶっ殺してやる！』

Xは父親から一時間以上も説教をされ、頭に瘤が幾つもできて顔が腫れ上がるほど殴られたが、それが終わると、

「こんなん《の》、どうせハッタリだんべえが《だろうが》」

と、Zと妹の前で忌々《いまいま》しげに呟いた。

けれども、翌日になって、実際にQが死んだことを知ったときには顔つきが変わった。浅黒い肌から血の気が引き、部屋に籠もって誰とも口を利こうとしなかったそうである。

Qがどんな方法で呪いをかけたのかは不明だが、それからXの周りで〈怪死〉が相次ぐようになった。最初は小学校低学年の頃から水槽で飼っていた金魚や錦鯉の目が真っ白になり、次々に死んで浮かび上がった。原因がわからないまま、全滅してしまう。ほかにもXのペットではないが、Zがかわいがっていた手乗りインコが急死した。

怪死はペットだけに留《とど》まらなかった。翌年には妹が、小児癌で亡くなってしまう。加えてその翌年には、祖母が入浴中に心臓発作を起こし、浴槽に沈んで急死しているのが発見された。第一発見者はXであった。妹も祖母も死亡したのは六月十四日、Qが自死を遂げたのと同じ日である。この頃から、

「風呂場にQがいらあ！　俺、今夜は風呂に入れねえや……」

Xがそう言って嘆く姿を、Zは何度も目にするようになった。

Qは頭がざっくりと割れ、顔中が傷だらけになった血まみれの姿で現れるという。肩口に穴が開いたトレーナーを着て、ジーンズを穿いている。自殺したときの姿なのであろう。Qは別の日には学生服を着て、生きているときと同じ姿で現れることもあった。無言でこちらを見つめているだけなのだが、震え上がるほど凄まじい目つきをしている。それは人間の目というよりも、どことなく蛇の目を彷彿とさせる。視線が合えば狙われた蛙のように身動きができなくなった。それでも、Xは何とか身体を動かし、殴りかかろうとするのだが、拳が空を切って、Qは姿を消している。

そんなことが頻繁に起きていたらしい。Xは悪事をやめざるを得なかったが、精神が落ち着かず、学業が疎《おろそ》かになり、成績は下がる一方であった。そのため偏差値が低い、自宅から遠く離れた高校へ進学するしかなかった。そこは有名な不良学校で、当分の間おとなしくしていたXは、周囲の影響をまともに受けて再び悪事を繰り返すようになった。

暴走族にも加入している。いつどこで敵に襲われても身を守れるように、匕首《あいくち》（ドス）を持ち歩くようになった。ヤクザ映画のまねをして腹に晒《さら》しを巻き、そこに鞘から抜いたドスを差していた。その上から学生服を着て隠していたそうである。

だが、往来を歩いていたときのこと。

何者かによって出し抜けに足を払われ、Xは路上に転倒した。匕首の刃が腹に突き刺さる。

「ぐうう……。だ、誰だっ？　こんな、ことを、しやがった、のはっ!?」

呻いたり怒鳴ったりしながら振り返ると、そこにはQが立っていた。凍ったように無表情な顔をして、こちらを見下ろしている。

「この、野郎めっ！」

立ち上がって匕首を腹から引き抜き、刺そうとすると、Qは一瞬にして姿を消した。

Xは立ち上がったが、傷口から鮮血が噴き出してきた。路上に鮮血を撒き散らし、よろめきながら救急指定の病院まで歩き、受付で事情を告げたあと、貧血により昏倒したという。

傷は浅く、手術を受けて命は助かった。しかし、それだけでは済まなかった。

Xの素行が悪いことから、母親が高校の担任教師に呼び出されたのである。面談をすることになり、母親は座席に着いたが、その途端、「ううう……」と唸って椅子から横に崩れ落ちた。完全に昏倒している。教師が救急車を呼び、母親は病院へ運ばれたものの、その日のうちに死亡してしまった。心不全としか原因がわからない突然死で、これもQが自死を遂げたのと同じ、六月十四日のことであった。

今度ばかりはXも、相当応《こた》えたらしい。高校を中退して悪い仲間たちと縁を切り、父親の友人を頼って職人修業を始めた。それからは悪さもせず、別人のように真面目に働くようになった。また、寺で護摩焚きや神社で御祓いを何度も受けていたようである。にも拘らず、Xが二十三歳のときに父親が病死した。大腸にできた癌が身体中に転移し、苦しみ抜いての最期だったので、遺体は骨と皮ばかりのミイラのように痩せこけていた。父親が死亡する前日、入院先の病院へ行ったXは、病室の隅に学生服を着たQが立っているのを認めた。Qは真っ青な顔に笑み一つ浮かべず、無表情で死神のように見えたという。

父親の命日となったのは、やはり六月十四日であった。

どこから漏れたのか、Qが呪いをかけて自死を遂げた話は親戚中に知れ渡っていて、皆がXのことを忌み嫌うようになっていた。弟であるZも実家を出て、両親や祖父母の法事で会うとき以外はなるべく顔を合わせないようにしていた。改心して真面目な職人になってからも、Xはその言動に棘《とげ》があり、接して楽しい相手ではなかったそうである。

それから五、六年の間、Xは孤独な生活を送っていたらしい。とはいえ、一生涯を独りきりで過ごすのは耐えられなかったのか、職場の経営者からの勧めで見合い結婚をしている。けれども、その経営者はのちに中毛の佐波郡玉村町で、車を運転中に事故死を遂げた。何日のことだったのか、Zは聞いていない。職場も閉鎖され、Xは失業した。それ以降は幾つかの会社を渡り歩き、Oさんの父親が経営する工場が社員を募集したときに、職業安定所を通して応募してきたのである。

今度こそ長年の呪いが解け、Xも幸せになれたかのように見えた。ところが、そんな矢先に妻が発病し、自殺してしまったのだ。それも六月十四日のことであった。

尚且《なおか》つ娘と息子が就職や進学に失敗して、家に引き籠もるようになった。娘は、

「ああ、今日もお母ちゃんが来てる……」

と、毎日、天井を見上げながら呟く。

自殺した妻が宙に浮かび、寂しげな顔をして、こちらを見下ろしているのだという。

そして妻の死から六年。少し早く七回忌の法要を済ませて迎えた、命日の六月十四日。

朝から娘が天井を仰いで不穏なことを口走った。

「今日はお母ちゃんじゃなくて、知らない男の子がいる。学生服を着た、男の子……」

Xは死んだ妻の姿を目にすることはできなかったが、Qの姿は視界に飛び込んできた。どうすることもできず、たじろいだXは娘を放置し、仕事に出かけてしまった。

その日のうちに娘は自室で死亡した。ベッドの上でベルトを首に巻きつけ、両端を掴んで左右に強く引っ張り、自ら絞め上げたらしい。仕事から帰ったXは、ベッドにぐったりと横たわって白目を剥いている娘を発見したが、既に手遅れの状態であった。

Zはこの娘の一件を、彼女の葬儀に参列したときに弟――Xの息子――から聞いたそうだ。息子も定職に就かず、ふらふらしていたが、ある日、書き置きを残して家出してしまま

った。今はどこでどうしているのか、何もわからないという。

「このままだと、近いうちにXも死んじまうんじゃないかな、と思うんです」

Zは語り終えると、会社の車へ戻っていった。その後ろ姿を見送っていたOさんは、意外な光景を目撃した。

車の助手席に、学生服を着た少年が座っている。Zが運転席に乗り込んでも、少年は俯き加減で何ら反応がない。Zも話しかける素振りがなかった。

（ひょっとして、あれがQか……？）

Oさんは「待って下さい！」とZを呼び止めようとした。もしも少年の正体がQだとしたら、Zの身も危ないのでは、と思ったのである。

だが、Zは気づかずに車を発進させて、走り去ってしまった。

それから月日が過ぎて、年が変わった、一月下旬の寒い日のこと。Oさんは車で高崎市内の工事現場の前を通りかかったときに偶然、作業員として働くXの姿を確認した。喫煙所で煙草を吸っていたので、Oさんは車を停めて窓を開け、「Xさん！」と声をかけた。

Xはヘルメットから覗いた頭髪が真っ白になり、日に焼けた肌は皺だらけになっていた。実際の年齢よりも、十歳は老け込んで見える。

「あ、ああ……」

Oさんだとわかったようで片手を上げてみせたが、目の下に隈を浮かべた覇気のない表情で、にこりともせず、それ以外は何も言わなかった。明らかに話したくなさそうなので、Oさんは「じゃあ！」と手を上げて、車を発進させた。

バックミラーを覗くと、Xの背後に学生服を着た少年が立っているのが見えた。Oさんは急ブレーキを掛けそうになったほど驚いたが、何とか車を停めることなく逃げ去った。

その夜から大雪が降り始めた。元来、前橋市などの群馬県南部は赤城颪《おろし》と呼ばれる寒風が吹き荒れることはあっても、降雪は少ないのだが、このときの降り方は尋常ではなかった。Oさんの工場は、降り続いた雪の重みによって屋根が潰され、半壊した。怪我人が出なかったことが不幸中の幸いだったが、修繕には借金をしなければならなかったという。

Xがその後、どうなったのかは、Oさんも知らない。

Zがまた配達に来たときに聞いてみたいと思っていたが、あれきり来なくなっていた。別の配達員が来たときに訊ねてみると、その男性は沈痛な面持ちになって、

「去年、亡くなっちゃったんですよ。六月でした。仕事帰りに事故を起こして……」

と、答えたそうである。

あとがき

本書は陰惨な話を数多く収録しているので、最後は口直しとなる話で締め括りたい。

高崎市在住で、カワウソや狐などのイラストやデジタル画で人気がある女流画家のWさんは、ありがたいことにいつも拙著を購読し、応援して下さっている。昨年（二〇二〇年）二月に出版した、私が初めて編著を務めた『高崎怪談会　東国百鬼譚』も気に入って、拙稿「高崎郊外の古寺」を何度も読んで下さっているそうだ。

不思議なことに、この作品を読んでいると、決まって部屋のどこからか、物音が聞こえてくる。鉛筆が床に落ちたような乾いた音や、コップに何かが当たったような、キン！　と響く音など、些細な音なのだが、必ず聞こえる。試しに、読み終えた直後にもう一度読んでみても、同様に物音が聞こえてきた。当然、鉛筆は落ちていないし、コップにも異状はない。

（わあ、こりゃあ何かいるんかな？）

些か怖くなったが、実害はないので気にしないようにしているという。

それよりも以前から発生し、現在も続いている現象がある。

Wさんの部屋では物が頻繁になくなるそうだ。彼女は私よりも遥かに若くて物忘れが激しいわけではないし、家で猫を飼っているが、明らかに猫の仕業ではない。というのも、手に持っていたピアスが唐突に消えたことがあった。目薬を差す間に、外していた眼鏡が消えたことや、描き溜めていた大切な作品が一枚だけ消えたこともある。猫の仕業であれば簡単に見つかる物が、六畳の部屋から何日経っても発見できない。

ただし、昨年、なくなった物を発見する良い方法があることに気づいた。その方法とは、

一、一日以上放置する。

二、部屋から一旦出てみる。

三、他の部屋にある物を自分の部屋に持ち込む。これは本や紙など、何でも良い。

すると、ベッドの上や作業机の上、先程まで読んでいた本の上など、目立つ場所になくなっていた物が現れる。もちろん、そこにはまったく置いた記憶がないし、一度は調べてそのときはなかった場所から出てくるのだ。

しかし、未だに見つかっていない物がある。それは展示会用に描いた〈おにぎり〉の絵だという。一ヶ月以上経っても、対処法を施しても、一向に見つからない。やむを得ず、

急いで描き直したが、新しい絵のほうは消えることなく手元にあるそうだ。

現在はその絵のほかに、気に入っていたタオル一枚と、予備の眼鏡一個が消えたまま、見つかっていない、とのことである。


そして何を隠そう、既刊の拙著『怪談標本箱　死霊ノ土地』の「赤い蛇」に登場した女流画家こそが、Ｗさんだったことも述べておきたい。

私もよく知っている女性が、毎日いらいらして原因がわからず困っていたが、Ｗさんが描いた絵を購入した途端に治まったとか、閑古鳥が鳴いていた喫茶店が彼女の絵を飾ったら、たちまち繁盛するようになった、という話も聞いたことがある。

絵画や書籍、どんな作品にも作者の魂が籠もっている。それが所有者の心に何らかの影響を与え、行動に良い変化を起こさせる、ということは実際にあるのだと思う。

また、これは私自身の経験なのだが、「僕の話を聞いて下さい」と思い詰めた暗い表情で現れた青年が、私に怪奇な体験談を提供してくれたあと、別人のように清々しい表情になって帰っていったことがある。そんなときは、「ああ、俺もちっとは世の中の役に立っているのかな？」と思わずにはいられない。だが、そのような話ばかりを書物に封じ込めているだけに、読者が奇妙な体験をすることもあるのだろう。本書の読後に何らかの異変を体験された方は、今後書く本のネタにしたいので、ぜひ教えていただきたい。

それから、本書は御当地怪談本なので場所を書いた話が多いが、現地での犯罪行為は無論のこと、地域の方々に迷惑をかける行為や、自然を破壊する行為は絶対に慎んでもらいたい。


さて、ここからは恒例の宣伝です。

七月三日（土）に高崎市岩押町の〈Gメッセ群馬〉にて、「戸神重明の高崎怪談会22」を開催します。豪華なゲストを招いて「高崎怪談会」史上最大の作戦、派手なイベントにします。JR高崎駅から歩いて行ける場所ですので、ぜひ遊びにいらして下さい！　まずは怪談で地元の群馬県を面白くして、そこから日本を盛り上げてゆきたいと思っています。

詳細情報や予約方法は公式ブログ「高崎怪談会」か、戸神重明ツイッターなどに掲載するので、定期的に検索していただけると、うれしいです。

最後に群馬県及び日本全国、そして海外にお住まいの読者の皆様、取材に協力して下さった皆様、出版に携わって下さったすべての皆様、今回もどうもありがとうございました！

それでは、魔多《また》の鬼界《きかい》に！


二〇二一年、初夏　風の東国にて　北関東の怪物　戸神重明

上毛鬼談 群魔

2021年7月6日　初版第一刷発行

著者……………………………………………………………………………戸神重明
カバーデザイン…………………………………………　橋元浩明（sowhat.Inc）

発行人…………………………………………………………………………後藤明信
発行所……………………………………………………………………株式会社　竹書房
〒102-0075　東京都千代田区三番町8-1　三番町東急ビル6F
email: info@takeshobo.co.jp
http://www.takeshobo.co.jp
印刷・製本…………………………………………………………中央精版印刷株式会社